這樣溝通，9成的問題都能解決

4600萬會員一致推崇！
樊登的10堂表達課

領導力和溝通力專家
樊登 著

Contents

Chapter 1

溝通力是可以複製的

如果說人類社會是一張網，那麼每個人就是網上的結點，而人與人之間必須有線，才能互相連接，否則這些結點就無法形成網，無法成為組織、成為社會。人與人之間的這根「線」就是溝通。

Chapter 2

溝通的本質是尊重與合作

「尊人者，人尊之。」溝通中如果缺乏尊重，不能平衡自己與對方的需要，總以一種自以為是的方式與對方交流，這樣的溝通是很難進行的。只有學會尊重與合作，溝通的過程才會愉快而積極，結果才能如你所願。

Chapter 3

溝通高手都善於掌控情緒

當我們在溝通中遭遇不愉快，進而產生消極的情緒變化或心理狀態時，最重要的是控制這種糟糕的情緒或心理蔓延，別讓自己被情緒所左右，否則溝通效率會大打折扣。

Chapter 4

溝通要從瞭解需求開始

需求是溝通當中的重要因子，凡是溝通中出現的問題，多數是由需求不清晰或需求未能獲得滿足所致。這裡的需求，既包括他人的需求，也包括自我需求。

Chapter 5

營造安全的溝通氛圍

當我們按照慣性思維與別人談話時，通常會用自己最習慣的方式，但我們的慣性思維很可能讓對方感覺不安全。這時候我們就需要打破慣性思維，主動營造一個安全的溝通氛圍。

Chapter
6

用長頸鹿式溝通破解溝通困境

長頸鹿有三個特點：高、反應慢、心臟大，這三個特點可以巧妙地運用到我們的溝通當中。心大，遇事不計較；反應慢，從不覺得什麼事都會對自己有傷害；再加上牠站得高，看得遠，不會對眼前的小事斤斤計較。

Chapter 7

如何有效提問與傾聽

巧妙地提問可以促使對方進行深入思考，喚醒對方的內在動力，使對方努力去改變自己；傾聽則既能滿足他人自我表達的需要，又能鞏固人與人之間的連結。只有學會提問和傾聽，才能成為真正的溝通高手。

Chapter 8

用身體語言認識自己和他人

人們總是會通過自己的肢體語言、面部表情和微妙暗示向他人傳遞各種信息，如果我們能正確判斷這些信息，溝通就會變得愉快而順暢。

Chapter 9

讓文字發揮力量

相較於面對面的語言溝通，文字溝通會給溝通雙方更多的思考時間，同時在傳遞語氣和情緒方面也更考驗智慧。

Chapter 10

善用溝通力，提升決策力和影響力

在需要做出決策和提升影響力時，高效的溝通力至關重要。出色的溝通力不僅能緩解你的緊張情緒，還能讓你的發言更加吸引人，獲得聽眾的共鳴。

自序

每個人都能成為高效溝通者

上大學的時候我就是個愛管閒事的人。有一天我的同學氣呼呼地回到宿舍，委屈地要哭。大家問怎麼了？他說去年參加了一門課的補考，開學教務處說他沒參加考試，沒成績，拿不到學分。沒有學分就可能拿不到畢業證書！我問他到底有沒有參加考試？他說當然參加了！但是教務處說沒有他的試卷，沒試卷就是沒有參加考試。他氣得漲紅了臉。我說：「走，我跟你去解決。」

到了教務處，我說：「老師您好，我們班這位同學去年參加了一門課程的補考，但是現在沒有成績……」教務處的老師說：「哦，這個事我們知道。他沒參加考試，所以沒成績。」我說：「沒有試卷不能代表一定沒參加考試，有沒有別的可能性呢？」老師說：「考了怎麼會沒成績？試卷又不會丟？」我對同學說：「你說說看，補考的時候身邊坐著哪些人？」他報出一串名字。我又對老師說：「老師，我們是我們學校培養出的學生，您對學生應該有基本的信任。能否聯繫一下這門課的老師，看看有沒有別的可能？」老師被說動了，打電話聯繫任課老師。那位老師已經退休了，我們又努力請老師來教務處查試卷。最後，發現那位同學的試卷被夾在中間漏了批改。結束後教務處的老師問我：「你是班長嗎？為什麼這麼熱心？」我說：「我不是班長，我只是覺得應該好好溝通一下。」

一個人做不了太多的事。想要做些對社會有影響的事情，就一定要與人合作。合作的過程中最困難的就是溝通了。蕭伯納說，溝通最大的問題就在於有人認為已經溝通過了。所以很多時候並不是人折磨人，而是溝通障礙折磨人。如果一個人純樸得未經任何訓練，他的語言一定是直接的，立場是自我的。因為人的大腦就是這樣設計的。我們容易恐懼，容易焦慮，容易防備。憑本能溝通很容易傷害對方，或者讓人認為自私，沒修養，火藥味濃。你只要想想很多家長在家裡是怎麼跟孩子說話的就能理解了：口無遮攔，沒有顧忌，興之所至破口就罵。這就是原始的溝通方式。

孔夫子教我們應該「克己復禮為仁」。我們要學會克制自己原始的貪婪和恐懼，站在別人的角度理解這個世界。這才是溝通正確的打開方式。古往今來，很多人總結了大量的溝通技巧和方法。究竟能不能複製呢？我的實踐經驗是能。很多人說「我嘴笨，天生的」，殊不知能說話、能表達就已經天生會溝通了。溝通的技巧和修腳踏車的手藝一樣，是要學習的。光學還不夠，還要練習才行。於是我們辦了很多期「可複製溝通力」的訓練營。我們看到一批批學員從沒有信心、緊張害怕、張口結舌，轉變成自信滿滿、平和自在、侃侃而談。其中的工具和方法都是可以總結提煉的，有的甚至是有公式的，只要你刻意練習，溝通力就能達到八十分。

如果社會上的大部分人，溝通力都能達到八十分，那麼我們的幸福指數一定會提高很多！我們的事業、家庭和自我認知也會因溝通力的提升而受益。

Chapter 1

溝通力是可以複製的

如果說人類社會是一張網，那麼每個人就是網上的結點，
而人與人之間必須有線，才能互相連接，否則這些結點就
無法形成網，無法成為組織、成為社會。
人與人之間的這根「線」就是溝通。

溝通力為什麼如此重要

所謂溝通力，是指一個人與外界交流信息的能力。美國石油大王洛克菲勒曾說：「假如人際溝通能力也是同糖或者咖啡一樣的商品的話，我願意付出比太陽底下任何東西都珍貴的價格來購買這種能力。」可見，溝通能力有多重要！

溝通是人與人之間的思想交流，也是傳情達意的重要過程，看起來似乎很簡單，其實有著很深的學問。如果你在溝通過程中不能正確有效地傳遞信息，不僅無法達到溝通的最初目標，還可能給彼此的交往帶來負面影響。相反，如果你具有出色的溝通能力，就可以在生活中化解各種矛盾，維護家人、朋友之間的良好關係，還能在工作中最大限度地運用自己的工作經驗、專業知識，發揮個人能力，並因為自身具備的溝通能力，迅速給人留下深刻的印象。

溝通力雖然如此重要，但在實際生活中我們發現，並不是每個人都知道怎樣跟別人溝通才有效，也就是說，有很多人並不具備這種能力。

有個朋友給我講過這樣一件事。有一次，他到一個城市出差，住進了一家飯店。等他辦完事準備退房時，前臺的一個服務人員對他說：「您在這裡等一下，我們必須要先檢查一下房間，看看有沒有東西損壞丟失，然後才能給您辦理退房手續。」退房時需要檢查，這是行業規則，朋友自然欣然接受，於是便站在前臺等待查房結果。這時候，前臺的服務人員又接著解釋起來：「前幾天我們這就有個客人，把房間的水壺弄壞了，之前還有客人偷拿了毛巾……」朋友聽完這些很不爽，感覺服務人員在詆毀自己的人格，以後再沒去過這家飯店。

後來，他又到這個城市出差，換了另一家飯店，卻感受到了完全不同的服務。在退房時，服務人員微笑著說：「請您稍等片刻，我們去您的房間檢查一下，看看您是否有東西落在房間裡。」他一聽，覺得這個飯店服務很到位。

其實我們仔細想一下就會發現，這兩位服務人員要傳達的信息是一樣的，都是去檢查客房裡有沒有東西損壞或丟失，但很顯然，後一位服務人員更會溝通，既準確地傳達了自己的工作內容，又很好地照顧了客人的情緒和感受，維護了客人的自尊，也讓客人更願意接受。

從中我們也可以看出，溝通是一門藝術，在與他人溝通時，語言表達能力和表達技巧顯得尤為重要。具備良好、高效的溝通力，不論是對我們的工作還是社交，都有非常重要的意義。

提升社會競爭力

一個人要在社會上立足，依靠的是綜合能力，包括智力、毅力、才學、機會等不同因素。但同時我們也看到，在信息傳遞、互動瞬息萬變的今天，即使你有真才實學，但如果沒有高效的溝通能力，你也很難遇到「伯樂」，社會競爭力自然也不如那些會溝通的人。

在樊登讀書團隊，我經常鼓勵各部門之間要保持積極的溝通，增進信息共用，以便每個部門中的每個人都吸取到不同的經驗。我也會積極聽取員工的意見和建議，並給予他們充分的機會，讓他們發揮自己的聰明才智和積極性。這樣既增加了彼此間的瞭解，還提升了員工的個人能力，如果有一天他們走上其他的工作崗位，良好的溝通力也能讓他們在競爭中脫穎而出。

加速事業的成功

不論是細緻的洞悉力、持久的堅持力，還是良好的團隊凝聚力，都能快速縮短你與成功之間的距離，而高效的溝通力更是促成事業成功的重要因素之一。絕大多數在行業中取得成功的人，都是依靠自己與眾不同的交際和溝通能力，獲得上級的認可與信任，得到下屬的支持與愛戴。所以溝通大師卡內基說：「現在的成功人士，有百分之八十以上是靠溝通力打天下的。」

在現代快節奏的職場中，我們可以這樣說：是否能說，是否會說，是否具有出色的溝通力，將決定一個人在工作中的成功和失敗。其實如果你細心觀察一下就能發現，那些被認為工作能力強的人，在跟人交流時都能做到思路清晰、表達具體，並能準確地關注到對方的需求，這無形中為溝通的成功打下了基礎。

人際關係的潤滑劑

溝通是人際關係的基礎，借助溝通，人與人之間可以交換信息、相互瞭解並建立彼此信任的關係。

有效的溝通之所以對社交很重要，就在於溝通能打開社交中雙方的心扉，並能化干戈為玉帛，協調人與人之間的關係。

溝通本身就是學習的過程，每個人的思維角度、處世方法等都不同，面對不同的人，我們也要採取不同的溝通方式。很多時候，運用我們慣用的思維方式並不一定能全面地分析和解決問題，此時多與他人交流，集思廣益，才有可能消除誤會，增進瞭解，融洽關係。如果缺乏必要的溝通，就可能會產生更多的矛盾，影響人際關係。

溝通的目標不是「口服」而是「心服」

溝通是人與人之間、人與群體之間思想與感情的傳遞和回饋過程，以求思想能夠達成一致，感情能夠暢通無阻。前文提到，溝通很重要，大多數人的煩惱都源於與他人的溝通不順暢。那麼，我們應該怎樣評價一次溝通是有效的還是無效的呢？是以達成溝通發起者的具體目標為標準嗎？並不見得。

在有些溝通中，溝通者對人對事並不能完全做到「心服口服」，而且很多情況下都是「口服心不服」。比如快要下班時，忽然來了個著急的工作，主管要安排一個員工加班，這多少是有些難度的，因為大家都不願意加班。這時我們可能認為，如果員工同意加班，就是溝通成功、有效；相反，如果員工不同意加班，就是無效溝通或溝通失敗。

也就是說，人們常以溝通結果來判斷溝通的效果，而對於溝通的氛圍、過程和其他衍生狀態都不重視，只關注顯而易見的「口服」，而不關注對方有沒有「心服」。如果員工帶著心裡不服氣的狀態去加班，很可能會在工作中造成不該有的內耗，或者對工作應付了事，不願意認真完成。

所以在溝通中，僅僅讓對方接受我們的要求是遠遠不夠的，我們需要比有效溝通效果更高的溝通標準，就是既讓對方接受我們的要求，又能讓對方心悅誠服，即達到一種高效溝通的狀態。有效溝通只是通過溝通行為讓對方去執行和完成任務，高效溝通才是我們在溝通時要達到的目標。

大家可能很想知道：怎樣才能實現高效的溝通呢？

要弄清這個問題，我們先要弄清溝通的三大要素。如果你想讓溝通最終高效地達成目標，就必須遵循下面這三大要素。

有明確的溝通目標

簡單來說，溝通無非就是人與人之間的對話、交談，並在此過程中尋找共識、消除隔閡，最終解決問題，取得一致。其中，「溝」是方法，「通」是目的。但有趣的是，我們在溝通中常常是自說自話，有時你甚至會發現，對方坐在你面前喋喋不休地說了半天，你卻不知道他到底要表達什麼，這是很令人抓狂的！

任何一場溝通都要具備明確的目標，目標是高效溝通的起點和終點。雙方只有圍繞這個目標溝通，才能不偏離主題，不忘記初心。

對於國外的家庭，尤其是美國家庭來講，剪草坪是個很重要的家務。為了讓孩子學會做家務，家長就會教孩子來做這件事。有一天，爸爸教兒子剪草坪，可兒子沒控制好機器，結果「呼」的一下，一塊草坪被剪草機全部剪光了。爸爸很生氣，大聲責備兒子。媽媽在屋裡聽見了，就出來制止爸爸，說：「我們培養的是孩子，而不是草坪。」

這個故事非常好地說明：不論是哪種溝通，都不要忘了最終的目標是什麼。

善用語氣、語調

同一句話，不同的人說出來，給人的感覺可能不一樣，對結果產生的影響也可能不同。有人喜歡平鋪直敘地說，有人喜歡激情萬丈地表達，有人喜歡擺事實講道理，有人喜歡憑感覺來……因此，在溝通過程中，不同的人所用的語氣、語調不同，溝通結果也不同。

大家都知道，中央一套曾有個很紅的節目叫《朗讀者》。有一天，我在看電視時正好看到這個節目，當時播放的是斯琴高娃老師朗讀的一篇文章，文章名字叫〈獻給母親〉。結果聽到一半時，我就感覺自己的眼淚止不住了。與此同時，我發現現場的很多觀眾也在擦眼淚。

後來我分析了一下，除了內容之外，這篇文章之所以能讓大家動情、流淚，主要在於斯琴高娃老師朗讀時的語氣、語調都比較低沉、緩慢，投入了較深的情感，這就對內容起到了很好的烘托作用，讓人的情感很容易就被帶入其中。

我非常提倡共情溝通。什麼是「共情溝通」呢？就是傾聽者對傾訴者的經歷感同身受，引導傾訴者深入自己的內心世界，尋找問題的根源，繼而影響並改變他。簡單來說，就是溝通時要有同理心，在別人悲痛時，你設身處地地理解他的悲痛；在別人煩惱時，你設身處地地理解他的煩惱。在溝通中，如果你能通過你的語氣、語調將這些相應的感覺表達出來，那麼你一定能夠獲得對方的共鳴，你們的溝通也會更加順利、更加深入。

用肢體語言為溝通加分

在溝通過程中，我們的眼睛該看向哪裡，我們該做出什麼樣的面部表情，我們的整個身體應該是什麼狀態……這些都會影響溝通的效果。美國語言學家亞伯特·梅拉比安曾提出一個著名的溝通公式：溝通的總效果＝百分之七的文字語言＋百分之三十八的聲調＋百分之五十五的肢體語言。

肢體語言對溝通具有重要的作用。比如，有的人在溝通時，一旦有問題或矛盾出現，他就會摸自己的脖子，甚至有的人兩隻手同時放在脖子後面，使勁地摸脖子，你知道這是什麼意思嗎？

在遠古時期，人類防禦野獸的能力很差，外出尋找食物時很容易被野獸咬死。而野獸一般都會咬人的脖子，一口斃命。由此，人類就認為脖子是最容易被攻擊、被傷害的地方，一旦感到緊張、無助，就會想要保護自己的脖子。

這就是一種肢體語言。在與人溝通時，不論是我們自己，還是我們溝通的對象，都會有意無意地表現出一些肢體語言，這些肢體語言也會相應地為溝通加分或減分。

比如我在給大家講課時，這是一種溝通，如果我沒有任何肢體語言，只是乾巴巴地坐在桌前講課，你就會感覺我講的內容很乏味。其他類型的溝通也是如此，不論是與員工溝通，還是跟家人溝通，恰當的肢體語言都可以影響到你的溝通。

以上就是溝通必須具備的三大要素，都是為了實現高效溝通，缺一不可。溝通本來就是一個全方位、綜合展現的過程，而不僅僅是語言內容。當然，我也要強調一下，對於溝通本身來說，說什麼話，要溝通哪些內容，這已經是溝通的全部了，而語氣語調和肢體語言這兩個關鍵因素只是為了讓溝通的內容能夠更加全面、有效地呈現出來，這一點大家應該清楚，不要在溝通時顧此失彼。

••• 信息的準確傳遞與接收

人們常說，「世界上有兩件事最難：一件是把別人的錢放在自己口袋中，另一件是把自己的思想放入別人的腦袋中」。這兩件事都離不開良好的溝通。

在生活中，每個人都有自己的溝通習慣、風格或偏好，我們很難改變別人的溝通習慣。但為了讓溝通更順暢，我們可以適當改變自己的溝通方式，嘗試用不同的方式與他人溝通，這樣溝通才會更高效。

著名職業經理人唐駿在擔任微軟中國區總裁時，曾與比爾・蓋茲進行了一次關於行程安排的溝通。

有一次，比爾・蓋茲要來中國，想把行程安排在二月，但這時剛好趕上中國的春節，大家都放假了，所以唐駿就與比爾・蓋茲的秘書溝通，希望能把行程修改一下。

但秘書告訴唐駿，比爾・蓋茲先生的行程提前一年就安排好了，不能修改。雖然唐駿努力向秘書解釋理由，秘書仍然堅持無法修改。最後，唐駿只好與比爾・蓋茲直接通電話，而比爾・蓋茲的說法與秘書一樣：「行程一年前就安排好了，改不了。」

唐駿忽然急中生智，對比爾・蓋茲說：「是的，我知道您的行程是一年前就安排好的，但您知道嗎？我們的春節是五千年前就安排好了的。」

最終，比爾・蓋茲只好在「五千年前就安排好了的春節」的壓力下，改變了自己的行程。

在這個案例中，唐駿沒有說一堆大道理，而是準確地找到溝通的切入點，巧妙地說明了中國春節在中國人心中的重要性，從而順利地讓比爾・蓋茲改變了行程。這就是一種良好、有效的溝通方式。

但同時我們也看到，在每天的工作和生活中，總有些不那麼和諧的溝通，比如下面幾種：

否定式溝通：不管你說什麼，對方都會否定你。

——不是……

——不對，你這是錯的。

——這樣行不通……

打斷式溝通：你的話還沒說完，對方就打斷你，開始表達自己的觀點。

——我覺得……

——我的想法是這樣的……

追問式溝通：連續提出多個問題，讓人難以招架。

——你們的薪資是多少？有五險一金嗎？……

——你多大了？做什麼工作的？薪水怎麼樣？……

尷尬式溝通：以粗魯、自以為幽默、低俗等方式溝通，讓人不知怎麼接下文。

——你的話太多了，該聽我說了……

——你抱病上班，是裝給主管看的吧……

——天啊，你的手指戴上這個戒指後簡直就像胡蘿蔔……

類似以上溝通方式，很容易導致溝通效果不佳或陷入僵局。

事實上，真正好的溝通的關鍵在於怎樣在對方面前恰當地表達自己。有人可能覺得這很容易：「不就是把自己要說的話說清楚嗎？」這只是其中的一方面，要知道，溝通是雙向的，你不僅要把自己想說的話表達清楚，還要時刻關注對方的情緒和反應，並能夠接收到對方反應中的有效信息，繼而做出更加合適、有效的回饋。

我的一位朋友最近正鬧離婚，他跟妻子結婚十多年了，一直相安無事，但兩個月前妻子突然跟他提出離婚，理由是夫妻感情破裂。朋友很不理解，就跟我抱怨：「她明知道我很在乎她，這是明擺著的事，怎麼到她那裡就變成感情破裂了呢？」

一開始我也不理解，但聽他跟我嘮叨了一會兒，我便大概弄清了原因。於是我就問他：「你應該很少對妻子說一些親密的話吧？」

他說：「都老夫老妻了，有什麼可說的？我沒必要總把愛掛在嘴邊吧？是，我有時說話比較衝，可能沒有給她留面子，但她也不是外人啊……」

我說：「這可能就是原因所在。」

後來朋友又找妻子的朋友去瞭解，才知道妻子經常跟她的朋友抱怨，說丈夫不關心自己、不尊重自己，慢慢她心裡就產生了一個頑固的想法——「他根本不在乎我。」

很顯然，這就是由夫妻雙方溝通不順暢造成的，朋友想當然地認為妻子一定瞭解他的心思，不用天天把「關心」、「愛」、「在乎」等「肉麻」的詞掛在嘴邊，說話時也沒把她當外人，但妻子並沒有接收到他的真實心思，反而認為這是丈夫不在乎自己、不愛自己的表現。所以說，要形成一個良好的溝通，自以為對方能猜透你的想法或心思是不行的，你必須準確清晰地表達出自己的觀點或想法。

結合我自己的經驗，我認為好的溝通應該具備下面幾個特點：

能夠準確地表達自己的感受

不得不承認，很多時候我們都不能準確地表達自己的感受，而只是一味地說出自己的看法。

比如，晚上十點你正準備睡覺，樓上突然傳來一陣乒乒乓乓的搬東西聲，你忍無可忍，上樓去找他們，希望他們馬上停止。一般我們會這樣說：

「現在都半夜了，你們搬東西製造這麼大聲音，不知道會打擾別人休息嗎？」

「你們這麼晚搬東西，也不顧別人是不是需要休息，太沒公德心了！」

很明顯，你對這件事有強烈的感受，但在與對方溝通時，你卻沒能表達出自己的真實感受，只是在指責。如果對方是個不講理的人，你們之間很可能會爆發一場「戰爭」。

那怎麼溝通才有效呢？

「你們在搬東西吧？這讓我感覺有些吵。」

「你們一定要今晚搬的話，如果能夠輕一點，我覺得可能更好。」

以「我」的角度來與對方溝通，如「我覺得」、「我感覺」、「我認為」等，不僅能清晰地表達出你的感受，溝通效果也會更好。

表達時要直接、精確

有些人說話喜歡繞圈子、暗示，要嘛就說一些模稜兩可的話，因為有時「委婉」或「含蓄」被認為是一種美好的品行，但我不建議你在溝通中經常運用這種方式。對方不是你肚中的蛔蟲，不可能對你說的每一句話都能按你期望的那樣去理解，一旦理解錯了，就可能導致溝通失敗。

運用深夜電臺主持人般的聲音

有一種溝通策略，叫作「運用深夜電臺主持人般的聲音」。

深夜電臺主持人的聲音是什麼樣的呢？大家應該都在夜裡聽過一些電臺節目，這類深夜節目的主持人的聲音往往都特別溫柔、緩慢、深沉，讓人聽起來感到心安和信任，因此也願意與他（她）對話。

從某個層面上來講，這種溝通方式之所以有效，是因為我們對他人內心的理解並不是思考出來的，而是對感受瞬間的把握。所以當我們運用這種聲音來與對方交流時，就會釋放出溫暖和可接受的信號，溝通就會很容易進行下去。

總而言之，真正好的溝通一定能讓溝通雙方彼此接收到準確的信息，能理解對方所要表達的真實意圖，能接受對方的觀點，並使對方採取相應的行動或做出某種改變。

每個人都能學會的溝通力

在給學員講有關溝通力的課程時，我經常會問一個問題：「你們來參加這次課程的目的是什麼？」大家通常都覺得我的問題很可笑：「來參加課程當然是想提升自己的溝通力啊，不然為什麼大老遠跑過來呢？」接著我會繼續問：「你們覺得參加這樣的課程，真的能提升自己的溝通力嗎？」每到這時，大家往往會面面相覷，不知如何回答。

這的確是個問題。前面我們說了，溝通力對於人們工作、生活的重要性不言而喻，但想提升溝通力，聽幾次相關的課程或參加幾次相關的培訓就真的有效嗎？

可能不同的讀者對這個問題給出的答案也不相同，或者說也有人認為是沒多大效果的。但既然溝通力這麼重要，我們又都希望自己能有高效的溝通力，從而在人際關係中如魚得水，在家庭生活中左右逢源，那麼不論這些方法有多大效用，都抱著「學學看，萬一有用呢」的心態來學習了。

那麼，通過學習到底能不能提升溝通力呢？我的答案是：能，因為溝通力本身就是一種經過刻意練習後可以被複製執行的能力。也就是說，不論是看書、看影片還是參加相關的培訓課程，每個人都可以通過學習和刻意練習提升自己的溝通力，並將其運用到工作與生活中。從某種程度上來說，溝通力也是一種方法或技巧，它與我們所學的其他能力是一樣的。比如很多年輕人說「我不會做飯，學不會」，真的如此嗎？我相信如果你想學，是完全可以通過看書、看影片等方式慢慢熟悉，並通過在實際生活中多次練習而逐漸學會的。領悟能力高或者發現其中的樂趣的話，你甚至可以成為一名烹飪高手。

溝通力的提升過程也是如此。當你看到那些站在臺上激情澎湃、口若懸河的人，你可能感覺他們都很厲害、很強，你永遠都無法企及，而事實上，只要掌握方式方法，再經過刻意練習，每個人都可以成為站在舞臺中央激情飛揚地演講的那個人。

既然如此，我們該怎樣做，才能讓自己掌握高效的溝通力呢？

學習科學的理論

有人可能要問：學習溝通力也要學理論嗎？

當然要學，不僅要學，還要學那些科學的、真正有效的理論。在我看來，有關溝通力的理論就是我們在溝通過程中應該謹記的一些原則。

(1) 溝通的真實性。溝通的過程就是對有意義的信息進行傳遞，如果你傳遞的信息沒有意義，哪怕整個溝通的過程很完整，這樣的溝通也會因為缺乏實質內容而變成無效溝通，或者說這種溝通只能叫聊天。另外，從經濟學角度來說，無效溝通也是對資源的浪費，包括時間、精力、管道、金錢等，有時還可能產生負效益，即溝通的成本大於產出。

所以，要提升溝通能力，就必須確保你的溝通內容是真實而有意義的，溝通內容也應至少對其中一方是有用或有價值的信息。

(2) 溝通的完整性。在溝通中，你傳遞給對方的信息必須完整無缺，不能讓信息被干擾或被曲解，否則就可能導致溝通失敗。

(3) 溝通的時效性。整個溝通過程必須在溝通發生的有效期內完成，否則溝通就失去了意義。

(4) 溝通的一致性。你的溝通對象必須能瞭解、體驗或理解你所發出的信息的真正意義，因為每個人的經歷、經驗、知識水準都不同，對信息的解讀可能也會不同，理解一旦出現偏差，溝通就可能無效。

(5) 溝通的目標性。溝通雙方都要有明確的目標，目標模糊或不明確，很容易導致溝通失敗。

掌握正確的方法

溝通力涉及溝通前的準備、對情緒的掌控、對需求的關注，以及表達方式、表達的語音語調、表達的信息等等，要有效地掌握這些內容，使之在溝通中充分發揮效用，就必須掌握正確的學習方法。

在大多數時候，我們的溝通都是一種暴力溝通，即溝通雙方忽視彼此的感受和需要，而將衝突歸咎於對方。在這種情況下，溝通就會變成一種指責、命令或強迫，最終成為一種無效溝通。

我曾聽一位媽媽在跟別人交流時，說起了自己管孩子的經驗。她說，自己的經驗就是在孩子上高中這三年，不論他怎麼抗議，都要盯死他，盯到他上大學為止，並且強調這幾年一定不能放鬆，否則就前功盡棄。

這種做法有效嗎？不能說完全無效，可能孩子覺得自己無法反抗，只能「認命」，但這對孩子將造成巨大的傷害！

要讓一個孩子成績好有很多種方法，有的家長會讓孩子愉快地學習，孩子不覺得學習是件痛苦的事，家長也不覺得管孩子是件痛苦的事，這是成功的溝通，實現了雙贏。但有的家長就像這位媽媽一樣，認為學習都是痛苦的，但孩子又必須學，自己沒有好辦法引導孩子，只能死盯，結果孩子陷入痛苦，家長也感到痛苦，這就是溝通方法不對，成了暴力溝通，即使孩子真的考上大學，與媽媽的關係也會受到影響。

所以，溝通一定要掌握正確的方法。至於哪些方法能讓溝通更高效，後面我會詳細闡述。

一定要刻意練習

溝通力是一種重要的能力，所有的關係缺少了溝通，都會成為一個人的「獨角戲」。很多人覺得，溝通力是與生俱來的，有的人天生就外向，「嘴巧」、「能說」，有的人天生就內向，「嘴拙」，不善於交流。這麼說太絕對了，而且會說話也不等於會溝通，因為溝通不是單向的，而是雙向的。並且，溝通力也不是一種天生的能力，它是一種經過後天刻意的科學訓練就能夠掌握的軟實力。經過多年培訓經驗和生活閱歷的積累，我認為掌握高效溝通力的關鍵在於對問題進行正確的思路轉換。比如，當對方的想法與你的想法相左時，要引導對方與你的思路一致，你就要先對對方的想法表示理解、尊重和認可，然後再將自己的想法表達出來，以求尋找共同思考的角度。

掌握了溝通技巧，溝通就會變得很容易；而要掌握溝通技巧，就要不斷學習和刻意訓練。至於學習和訓練方法，後面我會詳細闡述。

以上三點，就是複製溝通力的「三駕馬車」。通過不斷地學習和訓練，相信大家都能輕鬆擁有高效的溝通力。接下來就讓我們具體聊聊怎樣提升我們的溝通力吧。

Chapter 2

溝通的本質是尊重與合作

「尊人者，人尊之。」溝通中如果缺乏尊重，不能平衡自己與對方的需要，總以一種自以為是的方式與對方交流，這樣的溝通是很難進行的。只有學會尊重與合作，溝通的過程才會愉快而積極，結果才能如你所願。

瞭解自己對恐懼的反應

溝通的重要性不言而喻，它是人與人之間思想交流、傳情達意的重要方式。人類之所以需要社交，不僅是生活的需要，還是心靈支援的需要。成功有效的溝通可以給人們帶來鼓勵、自信和快樂，也可以充分展示個人魅力，體現個人素質，縮短人際距離，打造良好的社交氛圍。

但是，每個人內心之中都會有一個自己感覺最難以溝通的點，也就是你最想通過溝通解決，卻又難以解決的那個問題，比如：怎樣跟孩子溝通，才能讓孩子敞開心扉？怎樣跟伴侶溝通，才能讓家庭更和諧？怎樣跟主管溝通，才能獲得主管的重用？怎樣跟下屬溝通，才能更好地開展工作？……

總而言之，每個人心中都有亟待通過溝通解決的問題。如果溝通不順暢，給我們自己和他人帶來的傷害將不言而喻，因為人與人之間基本上都是通過溝通建立感情的；同樣，感情的破壞很多時候也是溝通不順暢造成的。

要實現有效溝通，我們首先要弄清溝通的共性是什麼。簡而言之，就是所有溝通問題的核心和最一致的東西是什麼。有人說是講話的內容，有人說是傾聽，有人說是與對方達成共識……聽起來似乎都有道理。但反過來想，如果兩個人溝通後沒有達成共識，可彼此間的友誼加深了，這算不算是一種有效溝通呢？

當然算。有效的溝通之所以對社交很重要，就在於溝通能夠打開社交過程中雙方緊閉的心扉，或者化干戈為玉帛，協調人與人之間的關係。所以，我們認為溝通目的的共性應該是尊重與合作。任何一種溝通，追根究柢都是為了實現尊重與合作這一目的。

我們先來說說合作。

合作為什麼越來越難？

不管是在生活還是在工作中，我們會發現與人合作特別難，為什麼？原因就在於我們經常覺得自己才是對的，別人應該按照我們的想法和要求做事，否則，我們就會與對方產生矛盾或衝突，合作自然也就無法進行下去。

有兩個技術員圍繞一個技術問題進行討論。在討論過程中，兩人在某個觀點上出現分歧，於是開始互相質疑，直至大聲爭吵起來。兩人的脾氣都不太好，對自己的看法又都異常堅持，彼此互不相讓。伴隨著激烈的爭吵，其中一人隨手將資料往桌子上一扔，結果因力氣偏大，資料正好碰倒了桌上的水杯，水杯裡的水灑了出來，浸透了桌子上的關鍵性資料。

這時，兩人誰也不爭論了，因為他們都很清楚，接下來他們必須合作，一起加班來解決這件倒楣事。

事實上，當你認為「合作」就是別人要完全聽從你的要求時，必然會導致大量無法解決的矛盾。要知道，合作的核心並非一方必須聽從另一方的安排，而是雙方通過一起努力，共同完成一件事。

由此，我們也挖掘出一個更深層次的問題，即在溝通中，一旦對方不合作，說出一些違背我們意願的話，或做出一些違背我們要求的事情時，我們會怎樣？多數人會因此生氣、發怒，感覺自己沒被尊重、面子受損，或者要承認自己是錯誤的等等，這些都會引發我們的憤怒情緒。但究其根源，我們之所以生氣、憤怒，其實是內心的恐懼在作祟。

恐懼的根源

我特別喜歡二十世紀偉大的心理學家卡爾・榮格說過的一句話：「當你的潛意識沒有進入你的意識的時候，那就是你的命運。」

人類的思想分為兩部分，一部分為意識，另一部分為潛意識，而潛意識的力量要比意識強大得多，所以要激發潛能，就需要運用潛意識。

那麼，我們的潛意識在哪裡呢？

在人類的大腦中，有一部分叫作大腦皮層，它是幫助我們學習各種知識的部位；大腦皮層中還包含一個東西，叫作基底核；大腦皮層的前面部分為大腦前庭，也是人類區別於動物最關鍵的部位，負責人類的邏輯、語言以及豐富情感的發展。比如當一個孩童學繫鞋帶時，通過觀察發現他的大腦皮層是亮的，這表明他正在通過大腦皮層努力地學習；但當一個成年人繫鞋帶時，他的大腦皮層就不會亮，為什麼？因為繫鞋帶對成年人來說是一個無須再動腦、隨手就能完成的動作。如果讓你用語言把繫鞋帶的動作描述出來，可能很難為你；但用手去做時，你會立刻完成。此時起作用的就是基底核，因為當你完全掌握一項技能或習慣一件事後，這個意識就會進入你的大腦基底核中，成為你的潛意識，它帶來的直接好處就是節省能量，讓你無須再通過學習和思考就能完成某件事。

同樣的道理，如果你還沒完全學會開車或剛剛拿到駕照，你會發現開車是件非常吃力的事；但如果你完全掌握了這種技能，你幾乎無須動腦就能輕鬆開車，因為這個技能已進入你的大腦基底核之中。

再回到溝通這件事上，我們在什麼時候才會感到深深的恐懼呢？與開車同樣的道理，就是我們無法完全掌控局面的時候，也就是周圍人的想法、說法、做法與我們的預想完全不同的時候。實際上這種恐懼一直深藏於我們的潛意識之中，這些潛意識可能來自我們童年時期經歷過的一些事情。對於童年時的每個人來說，如果父母告訴我們，他們不愛我們、不要我們了，那意味著什麼？意味著死亡。對於一個完全不能掌控自己的原始生命來說，這是件非常令人恐懼的事。只是隨著年齡的增長，我們慢慢學會自立、學會掌控局面，這種恐懼才逐漸被弱化或隱藏起來。然而一旦外界出現我們不能掌控的局面，這種恐懼就會從潛意識中被激發出來，從而控制你的行為。

所以，在與人溝通之前，我們必須從根源上探尋自己的內心對恐懼的反應，這樣才能弄清楚我們為什麼會把別人與自己的合作看得那麼重要。

從對方的視角看他的經歷

上文我們闡述了溝通目的的共性之一——合作，接下來我們再談談溝通目的的另一個共性——尊重。

尊重，對你來說意味著什麼？你是怎樣定義尊重的？有人說，尊重就是換位思考；也有人說，尊重就是傾聽他人的感受；還有人說，尊重就是給予彼此選擇的權利……沒錯，這些都是溝通當中尊重他人的表現。

尊重是溝通的開始，也是溝通的前提，只有建立在尊重基礎之上的溝通，才能順利地完成。但在與他人真正開始溝通時，一些人卻又出於種種主客觀原因認為自己才擁有發言權，動不動就說：「你怎麼不按我說的做？」、「你為什麼不尊重我的意見？」既缺乏與他人進行平等溝通的觀念，又缺乏對他人應有的尊重和理解，還缺乏應有的溝通方法和技能，導致溝通陷入僵局。

什麼是真正的尊重？

隨著現代社會工作和生活節奏的加快，許多人越來越多地為生活和工作忙碌，而真正用來與他人相處、溝通和交流的時間卻越來越少，由此產生的矛盾也越來越多，從而導致無法顧及他人真正需要的尊重，這就更加難以通過溝通真正瞭解他人的需要和想法，最終導致溝通失敗。

那麼，什麼才是真正的尊重呢？是我完全順從你的想法，或者你全部聽從我的指揮？都不是。

真正的尊重，應該是從他人的視角去看他們所經歷的一切，也就是瞭解對方的「being」，哲學上稱為「存在」。簡而言之，就是瞭解對方此刻存在的狀態是什麼。如果我們能從對方的視角去看待他正在經歷的一切，並接納他所做的一切，而不是不斷在自己心中幻想「如果他不這樣做多好」、「如果他聽我的該多好」，就是對對方最大的尊重。

我們可以回憶一下，當跟他人發生矛盾時，我們的內心是不是也會產生「你不這樣就好」、「要是我能改變你多好」等類似的想法？那就換位思考一下，如果別人在與你交談時，內心也這麼想，甚至不斷通過語言暗示「你不行」、「你應該聽我的」、

「你這樣很糟糕，應該改一下」，你會不會立刻產生一種不被尊重的感覺？相反，要是對方能站在你的角度，認真地向你描述你此刻的感受、想法等，你一定會產生一種「他鄉遇故知」的感覺。這就是溝通過程中尊重的真正含義。

事實上，每個人都是一個獨立的個體，各自所處的立場、所適應的環境和所追求的利益等都有所不同，因此也都希望能夠按照自己的想法去成長、去生活、去工作，這也是人與人之間最大的區別。但如果每個人都要求他人按照自己的想法去行事，顯然就會破壞人與人之間的良性關係。所以我們應該明白，要擁有高效的溝通，就必須懂得尊重自己的溝通對象，維護對方的自尊心，從對方的視角去看待他們所經歷的一切，並以同理心來進行換位思考。能夠做到這一點，才能讓溝通更順暢，我們也才能獲得周圍人越來越多的支持和喜歡。

懂得尊重自己

溝通需要建立在尊重他人的基礎上，同樣也要建立在尊重自己的基礎上。很多時候，我們會生氣、會發飆，甚至情緒失控，大喊大叫……為什麼會這樣？究其根源，一方面是因為恐懼，另一個更重要的原因是我們的內在需要沒有獲得滿足，我們沒有獲得他人的尊重。所以在我們看來，眼前的一切都意味著失敗，意味著我們一事無成，這是任何人都難以接受的。

那麼在溝通中如何做到尊重自己呢？

前面提到，要做到尊重他人，我們就要學會站在對方的角度去看待他的經歷和他的情感狀態；同樣，尊重自己意味著我們要學會從自己的角度去看待自己此刻的狀態：「我」為什麼會這樣？「我」的哪些需要沒有獲得滿足？

比如，當你在與別人溝通的過程中出現不良情緒時，就可以這樣對自己說：「我此刻有些生氣，因為我感覺到了什麼，我擔心會發生什麼事。」、「我有些不滿，因為我的某個需求還沒有得到滿足。」、「但就算我生氣了，我也是很棒的！」類似這樣幾句簡單的話，往往能快速平復自己的情緒，然後繼續與對方進行溝通。

所以，尊重自己並不意味著超強的自律或自控，相反，一個人越是超強自律或自控，一旦爆發就會越激烈；而愛自己、瞭解自己、關注自己，感受和接納自己此刻的狀態，才是對尊重自己的深刻理解，也是你繼續與他人心平氣和地溝通的基礎。

尊重是為了促進雙贏

很多人覺得溝通出現矛盾的原因，是我們認為人與人之間的溝通就是一場零和博弈，要嘛你贏，要嘛我贏，反正兩個人中只有一個贏家。帶著這樣的目的去溝通，自然是難以達到雙贏的。而這種失敗的溝通，追根究柢是匱乏型的心態在作祟，即當你的內心匱乏時，你就會覺得彼此之間的需求只能滿足一個，要嘛滿足你的，要嘛滿足我的。相反，當你以一種富足型的心態與人溝通時，你會覺得：自我的需求要滿足，對方的需求也要滿足，我們可以與對方一起想辦法。帶著這樣的心態與對方溝通，其結果也必然會朝著雙贏的方向發展。只有這樣，我們的溝通目的才能真正實現。

平衡自己與他人的需要

人類社會是一個由個體組成的集體。身處集體之中，我們每個人都需要頻繁地利用溝通力來傳遞個人意志、維護人際關係，從而在各種競爭中脫穎而出，獲得有利的發展機會。可以說，溝通力是我們維護自身社會地位的基礎，是實現人生價值的有力保障，也是現代社會中每個人都應該具備的能力和素質。

下面我們通過兩個我自己研創的圖形來瞭解一下關於溝通的兩個原理，由這兩個圖形可知，要想成為溝通專家，需要做好兩件事。

平衡自己的需要和他人的需要

前文提到，溝通的目的之一是合作，而合作肯定就要滿足雙方的需要，既有別人的，也有自己的。要實現這個目的，我們還要弄清到底是先談事，還是先解決感情問題。

為了便於大家理解，我們先來看圖2—1。

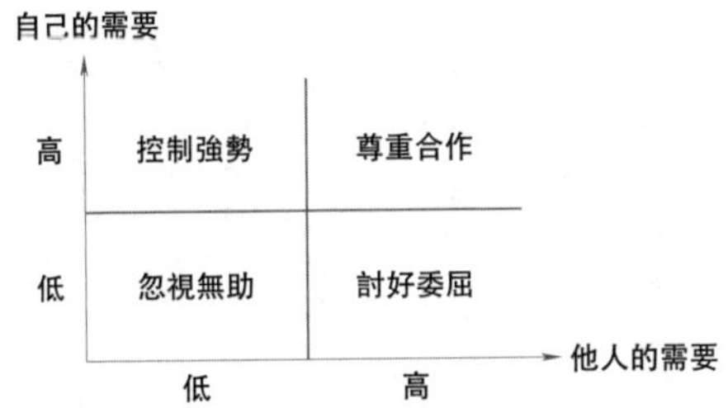

圖 2-1 平衡自己與他人的需要

從圖2—1可以看出，溝通有以下四種模式：

1. 委屈和討好

如果一個人在與他人溝通過程中，對自己的需要不太關注或關注度很低，總是把別人的需要放在第一位，這種人叫什麼？叫「濫好人」。

我們身邊應該都有這類人，一心一意為別人好，人緣也特別好。可這些行為並不能令他們快樂，因為長期委屈自己、討好別人，自己的內心所需卻不能獲得滿足，甚至漸漸枯竭。

2. 控制和強勢

與委屈自己、討好別人相反的，是對他人關注極少、只關注自己的需求。這類人在與他人溝通時，很少或根本不把對方的需求放在心上，只在乎自己的哪些需求能得到滿足、能獲得哪些好處。這種溝通模式叫什麼？叫作控制和強勢。採用這種模式的人溝通時總喜歡用強勢的語言和態度試圖控制對方，讓對方來滿足自己的需求。

這種人在公司主管中比較常見，有人可能覺得這種人很有魄力，但他們的人際關係卻很糟糕。因為他們的溝通方式會給人很大的壓力，他可能頗有管理能力，但大家並不是心甘情願地與他合作，而是出於一種害怕，比如怕失去某種利益、怕被懲罰、怕被開除等。合作有兩種，一種出於彼此的欣賞與喜歡，另一種就是出於害怕，這兩種感覺是完全不同的，所以這種溝通模式並不是真正靠溝通來實現目標。

3. 忽視和無助

還有一種人，在溝通時既不關注自己的需要，也不關注別人的需要，也就是處於一種懶得溝通或不願溝通的狀態。這種溝通模式叫作忽視和無助。

有一個概念叫「習得性無助」，它是一個心理學的專有名詞，指一個人在經歷了失敗和挫折後，面對問題時產生的無能為力的心理狀態和行為。所以，這種「無助」來自我們人生中的一次次挫折和打擊，最終導致自我評價降低，動機也減弱到最低水準。

一九六七年，美國心理學家塞利格曼曾用小狗做過一個非常經典的實驗。起初，他將一隻小狗每天關在籠子中，然後打開一個蜂音器，開始電擊這隻小狗，每次半小時，小狗無法逃脫，疼得嗷嗷叫。在另外一個籠子裡也關著一隻小狗，同時在這個狗籠中放置一個開關，當電擊這隻狗時，一旦小狗踩到開關，電就沒了。

實驗人員每天對兩隻狗進行這樣的訓練，一個月後，兩隻狗被放出來，又找來第三隻沒有經過訓練的狗，然後將三隻狗全部放在一個圍欄裡。這個圍欄很矮，小狗輕輕一跳就能跳出來。三隻狗都被放入後，開始通電，結果怎樣？那隻沒經過訓練的狗立刻就跳出圍欄逃走了，接著那隻在有開關的籠子中訓練的狗也跳出圍欄逃跑了。唯獨那隻被連續電擊了一個月的狗，怎麼都不肯跳出圍欄，而是躲在圍欄的一角嗚嗚地叫著。

之所以如此，是因為這隻狗已經習慣了每天被電擊半小時，牠感覺這就是牠每天必須經歷的，是無法逃避的，所以就算周圍沒有籠子，只有一個小小的圍欄，牠仍然不肯逃走。這種行為就是習得性無助。

這種現象在生活中非常多，你會發現有大量不善於溝通的人，在與他們溝通時，他們表現得十分冷漠，這就是典型的習得性無助，因為他們覺得任何溝通都是沒用的。

4. 尊重與合作

與以上三種溝通模式完全相反的是一種積極的溝通模式。運用這種溝通模式的人，會在溝通中積極平衡自己與他人的需要，既關注他人的需要，也不忽視自己的需要，他們溝通的目的就是尊重與合作。這也是成為一名溝通專家最應該學習和掌握的一種溝通模式。

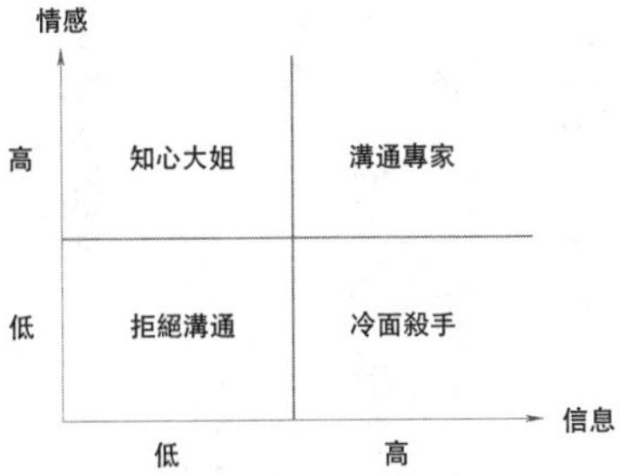

圖 2—2 學會處理情緒與信息

學會處理情緒和信息

要成為一名溝通專家，實現良好、高效的溝通，並不是一件容易的事，它不僅要求我們能正確地理解他人想要傳達的信息，還要正確高效地向對方傳達出我們想要表達的情緒和信息。

圖2—2體現的是在溝通當中如何處理情緒和信息，也涉及四種模式：

1. 知心大姐式

在溝通中，如果一個人對信息的關注度很低，很少或從不關注事情如何發展，而只關注其中的情感和關係，這種人就是我們常說的「知心大姐」。他們看起來很知心，非常看重跟你的關係，你哭他陪你哭，你難受他可能比你更難受，但就是幫不上任何忙，對事情的推進也毫無幫助。因為他們關注的只有情感，而不去或根本沒有能力去解決實際問題。

這種人在公司中很常見，就是那些左右逢源的「濫好人」。你會發現他們很會安慰人，但就是沒什麼業績，也起不了什麼實際作用。

2. 冷面殺手式

與「知心大姐」完全相反的是另一種人，這種人永遠只談實際問題，從不談感情。如果大家看過《穿著 PRADA 的惡魔》這部電影，其中的女主編米蘭達就是這樣的人，她對任何人都尖酸刻薄，員工在工作中稍微出現一點失誤，立刻就被開除。我把這種人稱作「冷面殺手」，他們跟人溝通的方式永遠都像個沒有絲毫感情的「殺手」。

3. 拒絕溝通式

這類人既不跟你談信息，也不跟你談感情，完全是一副拒絕溝通的模式。也就是說，他們完全把自己封閉起來，只關心自己的事，許多工程師、程式師就是這樣。很多人感覺與工程師、程式師交談很困難，就是因為他們很少主動與人溝通，有事就找你直接講，沒事就封閉起來做自己的事。這種人自然很難成為溝通專家。

4. 溝通專家式

最後一種就是真正的溝通專家了，他們在與人溝通時，既會照顧對方的情感，也很懂得處理實際問題。有這樣一個概念，叫作「百分之百的尊重和百分之百的坦誠」，就是說一個人跟別人談話時，要做到百分之百的尊重和百分之百的坦誠。能做到嗎？很難。有人就曾跟我反映：「您要我坦誠，可我對他卻有那麼多不滿和怨恨，又怎麼能做到尊重呢？」

我很理解這種困惑，但實際上，出現這種矛盾是因為我們誤解了尊重的定義。當你感覺坦誠和尊重難以並存時，你是如何看待「尊重」的？我想多數人都將「尊重」當成了面子，當成了無條件滿足對方的需求。其實並非如此，前文提到，真正的尊重是站在對方的角度，以對方的視角去看待他所處的狀況，去標注他此刻的情感。

孩子鬧著要跟媽媽玩，但媽媽正忙，沒法陪孩子玩。於是，媽媽就耐心地告訴孩子：「寶貝，媽媽知道你此刻一個人很無聊，很想跟媽媽玩。（尊重）但是，媽媽現在真的很忙，如果媽媽現在陪你玩的話，媽媽的工作就做不完，這樣媽媽就會被開除，失去工作，我們就沒有錢買東西了。所以，媽媽現在要先工作，工作完成了再陪你玩。

（坦誠）」

你看，這就既做到了百分之百的尊重，又做到了百分之百的坦誠。

當然，要做到完全坦誠並不是件容易的事，有時我們在坦誠時可能會因為控制不住自己的情緒而「出口傷人」，做不到完全的尊重；對於別人的坦誠，我們又認為那是在故意與我們作對。這樣的「坦誠」都不是真正的坦誠，而是在發洩情緒，於溝通毫無益處。真正的坦誠，應該是既尊重別人，也尊重自己，能夠心平氣和地將自己此刻的需求或感受說出來。尊重與坦誠絲毫不矛盾。

溝通之前先確認目標

我們知道，在一個企業當中，管理的實質就在於通過他人的行動來完成工作。要做到這一點，管理者就要善於激勵員工，讓員工行動起來，圍繞績效目標展開工作。在這個過程中，溝通是必不可少的。不管是目標的制定，還是目標的執行與檢查，都需要雙方通過溝通來完成。沒有溝通，雙方就無法在一些關鍵性環節上達成共識，結果就是管理者想的是一回事，員工做的是另一回事，雙方無法形成合力。

在溝通過程中，有一點非常重要，就是溝通雙方要有一個明確的目標。如果忘記了溝通的目標，忘記了雙方要達成的事，不論付出多少努力，最終都會竹籃打水一場空。

現在每到過年的時候，很多夫妻都會討論該去誰家過年的問題。剛開始討論時，丈夫說：「當然該去我家，哪有去媳婦家過年的道理？」而妻子卻說：「怎麼就不能去媳婦家過年呢？何況去年都去過你家了，今年怎麼也該回我家過年了！」……結果討論到最後，兩人互不相讓，還把以前的很多事翻出來爭執，甚至鬧著要去離婚！

兩人原本是要討論「春節回誰家過年」的問題，結果到最後卻討論起誰愛誰、誰不愛誰，甚至分手、離婚，這就明顯偏離了目標。而之所以出現這樣的結局，原因就在於兩人在溝通過程中沒有掌控好自己的情緒，讓情緒左右了雙方。

那是不是說，溝通中就不能帶有情緒呢？當然不是。所謂的談話高手，並不是完全沒情緒，也不是被情緒牽著鼻子走，而是由你帶著情緒走，你來掌控它。而不善於溝通的人恰恰相反，雙方談著談著就忘記了目標，思維也跟著情緒走了，結果只顧發洩情緒，什麼都顧不上了。

大家應該都看過有關香港黑社會的影片，比如《古惑仔》、《黑社會》等。這些影片中都會有這樣一些片段：兩個幫派爆發激烈衝突，幫派成員帶刀挎槍去與對方激戰。當雙方勝敗難分時，就會有個中間人出來講和。這個講和的人一般怎麼說呢？通常是「大家都為求財，何必這麼打打殺殺，傷了和氣」一類的話。結果雙方就會停下來，因為這句話說到了大家的心坎上。大家出來混的目的不是為了砍人，而是為了掙錢、為了求財。中間人的話，其實就是在提醒雙方回到自己的最終目標上，不要忘記初心，忘記了本來的目標。

所以，我們不管是在與家人談話之前，還是在與員工談話之前，都要確認自己的目標是什麼，這一點非常重要。一旦你忘記了溝通的目標，在溝通過程中就會被潛意識操縱，你就會發現對方不尊重你、不重視你，讓你沒面子，而你為了爭回自己的面子，就可能會與對方翻臉，結果呢？偏離了溝通目標，除了一通發洩之外，絲毫不能改變現實。

那麼，我們怎麼才能記住溝通的目標呢？方法很簡單，就是問自己三個問題：

第一個問題，你要為自己創造什麼？

就是你在與對方談話之前，希望經過這場談話，讓自己達成一個什麼樣的目標。比如，你想與對方簽訂一份合約，你希望對方能還你錢，你希望對方能把答應你的事辦到等等。

第二個問題，你要為對方創造什麼？

在溝通中，雙方都要本著雙贏的目標努力，而不是總想著自己贏、對方輸，這樣是談不下去的。所以在與對方溝通前，你還要想清楚，你希望經過此次談話能讓對方獲得什麼？是一份訂單，還是一批他期待已久的貨物等等。

第三個問題，你需要為你們的關係創造什麼？

也就是經過這場談話之後，你與對方的關係是否有所改善，比如，是否能變得比以前更友好、更加彼此信任？是否更容易建立合作關係？

任何一次溝通或談話，都會涉及以上三個目標，即你的獲益、對方的獲益和你們彼此關係的獲益。很多人會忽略第三點，認為只要讓自己和對方獲益就行，而不去考慮與對方建立關係，這是很可惜的。

樊登讀書有一位西安的學員，也是最早的一批學員之一。他是從事印刷包裝行業的，但每到年底他都很頭痛，因為很多公司拖欠他的帳款，導致他不得不四處要帳。

有個客戶拖欠了他一百多萬元，拖了一年多也要不回來，於是這位學員就開始琢磨：怎麼才能把這些錢要回來呢？白道不行，要不然試試黑道？可萬一犯法怎麼辦？想想為了一百萬元又不值得。但這一百萬元要不回來，他又很不甘心。

巧的是，我那時剛剛講過一個很重要的概念，叫「雙核對話人」。它的意思是說，我們的大腦中有兩個「核」，其中一個「核」負責處理談話的內容，另一個「核」負責處理談話的氛圍，就像雙核手機的功能一樣。那麼大腦中的這兩個「核」哪一個更重要呢？答案是處理氛圍的那個「核」。如果在談話過程中，你發現氣氛有些不大對，比如對方有些緊張，這時你就要先停掉負責談話內容的那個「核」，及時來處理談話的氛圍。等氣氛恢復正常後，再來繼續談話的內容，這才是有效的談話，才能實現你的最終目標。

這位學員聽完我講的這本書後，決定用這種方法去試試。後來他告訴我，那天他在去要錢的路上，腦子裡一直在不斷思考：

「我要為自己創造什麼？我要把錢要回來，哪怕要回來五十萬元，我的談判就成功了。」

「我要為對方創造什麼？我要讓他感受到誠信的重要，我要讓他獲得一個誠信的口碑。」

「我要為我們的關係創造什麼？我希望我們能『不打不成交』，今後還可以繼續更好地合作，我們還可以有很多生意一起做。」

一路上他不停地重複這些內容，而且越想越覺得理直氣壯。最後，當他帶著這三個目標與對方溝通後，對方不但痛快地把一百萬元還給了他，兩個人還開心地大喝了一頓！不僅如此，這位學員還把他的這位客戶拉到了樊登讀書，成了我們的一名新會員。

綜上所述，在進行任何溝通前，你都要確認自己的溝通目標，而且這個目標不只一個，是三個，分別是為自己、為對方、為彼此的關係。只有帶著這樣的目標去與對方溝通，你的溝通才可能有效，並最終達到目的。

不尊重的溝通方式有哪些

在與人交往時，不論我們的溝通對象是誰，都應該本著尊重、平等的態度與對方進行溝通。但是，總有一些人做不到這一點，或者說不懂得怎樣在尊重的基礎上與對方溝通，結果可想而知。

那麼，有哪些溝通方式屬於不尊重的溝通呢？或者說，在生活中遇到什麼情況，我們會覺得對方不尊重自己呢？我在這裡為大家列舉一下。

喜歡給對方貼標籤

對於這個問題，我希望大家能從兩方面思考：有沒有人給我們貼標籤？我們自己又有沒有給別人貼過標籤？

朋友的兒子一兩歲的時候特別愛哭，家裡人都搞不清怎麼回事，他太太就很生氣，認為男孩子不應該這麼脆弱，動不動就哭，於是經常對孩子說：「你就是喜歡哭！」、「不要哭，男孩子就不能哭！」

這明顯就是在給孩子貼標籤，結果怎樣呢？不斷給孩子貼標籤，孩子就會慢慢在潛意識中這樣認同自己：「我就是喜歡哭。」、「我就是個愛哭的孩子。」但另一方面，他的內心又非常糾結，因為媽媽說男孩子不能哭。試想一下，這對一個孩子的人格形成來說是多大的傷害？

不僅是孩子，我們大人內心當中也存在著大量的衝突。很多時候我們之所以痛苦，是因為我們內心當中存在著太多的衝突。比如，一方面你告訴自己「我一定要出人頭地，賺錢是非常重要的事」，而另一方面你又覺得自己「根本沒有能力賺錢」，這就是衝突。從理論上講，你認為賺錢是件很重要的事，但實際上你又覺得自己不具備這樣的能力，所以衝突就產生了。

生活中有大量類似的衝突，一些較為嚴重的內心衝突還可能導致人格糾結、失調，甚至出現分裂扭曲。

為了讓他太太明白這個道理，我朋友跟她認真地談了談，希望她不要再給孩子貼標籤，並且引導她進行反思：「為什麼你對於男孩子哭這件事這麼在意？」事實上，不論男孩女孩，哭都不是一件多麼嚴重的事，甚至長大後也可以哭。就連我們成年人在面對壓力過大等問題時也會哭，何況孩子呢？哭是一種情緒的宣洩，對健康還有好處呢，就連醫生都建議偶爾可以哭一次。

在經過多次討論後，太太終於明白了這個道理。現在，朋友的兒子不但沒有因為小時候愛哭而成為一個脆弱的孩子，反而還很樂觀、堅強。

所以說，隨便給別人貼標籤就是一種不尊重別人的溝通方式，大家應反思一下自己，如果曾有過，應盡量避免。

忽視對方的感受

我們前面提到，在溝通時要學會站在對方的角度考慮問題或說話，但有些人偏不這樣，做事說話完全忽視別人的感受，從不徵求別人的意見。這種情況在與孩子相處時往往表現得最明顯。

場景一：

孩子穿了一件比較新潮的衣服準備出門，媽媽突然過來說：「脫掉，這衣服多難看，趕緊換一件！」

「我這件衣服不是挺好看的嗎？」孩子說。

「不行，太難看了，你不換掉就別想出門！」

場景二：

爸爸帶著女兒在沙灘上玩得很開心，媽媽在一旁看書。當爸爸和女兒玩得正開心的時候，媽媽突然來一句：「好了，該回家了。」

「為什麼啊？我還沒玩夠呢！」女兒很委屈地說。

「爸爸沒那麼多時間陪你玩，走吧。」不由分說，拉起女兒就走。

這些場景你覺得有問題嗎？從家庭和諧的角度來看，似乎這兩個家庭都很溫暖，一個場景是媽媽很關心孩子的日常穿衣，另一個場景中的媽媽很體諒爸爸，覺得爸爸很忙，不應該占用爸爸太多的時間。

但是，這其中有個很重要的問題，就是誰在乎了孩子此時此刻的感受？在孩童時期，我們每個人的內心都或多或少地被忽視過。而童年時被忽視，長大後就會產生大量的心理問題。帶著這些心理問題與他人相處時，也會或多或少地表現出一些溝通障礙，其中一個就是會忽視別人的感受。

另外，還有一種忽視是我們大家所不能理解的，即溺愛也是一種忽視。比如，孩子在外面跟人打架了，把別人打得滿臉是血。回到家後，父母卻好像什麼事都沒發生一樣，該幹嘛就幹嘛。在父母看來，這可能是一種愛孩子的表現：你惹禍我也不批評你、不懲罰你，我多愛你啊！

但孩子會感受到父母的愛嗎？並不會。在孩子看來，這是一種忽視：我打了人、惹了禍，我當時嚇得半死，可回到家後父母竟然毫無反應，也沒告訴我這樣做是對是錯。一次兩次孩子可能覺得僥倖，久而久之他就會產生被忽視的感覺。

所以你會發現，一些孩子從小被當成「小皇帝」，到外面也是「小霸王」，長大後經常打架、犯錯，但他同樣沒有安全感，很大一部分原因就在於父母的長期忽視。這也提醒我們：在與孩子相處時，不要以為不理他、不管他、不尊重他的意見才是忽視，溺愛同樣是一種忽視。

用威脅的口氣說話

有人喜歡被威脅嗎？我想可能很少有人有這種愛好，但是，我卻聽過很多的人喜歡用威脅的語氣與他人說話。

我很少用威脅的方式跟別人講話，不管是跟客戶、員工，還是和家人、朋友，我都很少用「你如果不怎麼做，我們就怎樣怎樣」的方式說話。

用這種語氣跟人說話會怎樣？會反彈。但孩子小時候可能不會反彈，他們會服從、會聽話。於是，這也成為很多家長認為有效的教育方式，但久而久之會如何呢？會傷害孩子的自尊，讓他們覺得自己的尊嚴感在下降，而且每被威脅一次，他們的尊嚴感就下降一點。被威脅的次數多了，他們就會習慣於這種方式，甚至認為人與人相處就是這樣的，而他們自己在與人溝通時也會以這種方式說話。所以我們經常會看到很多青春期的孩子威脅父母：「你不給我買手機，我就自殺給你看。」、「你不讓我玩遊戲，我就跳樓！」，諸多悲劇就是這樣產生的。

由此可見，威脅不但會影響人際關係，更重要的是會降低對方的人格，破壞人與人之間的尊敬與信任。而要真正解決這個問題，首先要從根本上解決我們內心的價值觀問題。事實上，當你的內心不認為某種做法是正確的，是一種對他人的尊重，你就不會說出恰當的話來。

有一天，我兒子跑過來跟我說一件事，說到最後，他說：「爸爸，我發誓就是這樣。」我當時就愣住了，但沒有馬上跟他討論這個問題。

晚上帶他下樓散步時，我對他說：「兒子，你今天跟爸爸說你發誓，這件事讓爸爸感到有些不安。」我就是這樣開頭的，這也是我們在溝通中應該掌握的一種方法。

他當時很不以為然：「哦，那怎麼了？」因為他不明白這句話為什麼會讓我不安。於是，我對他說：「因為你跟爸爸說話永遠都不用發誓，你說的每句話爸爸都會相信，你不用通過發誓來證明自己說的是對的。」

我說完這句話後，兒子特別感動，眼裡甚至還泛起了淚光，然後點點頭說：「好，爸爸，我知道了。」

接著，我又問他：「那你這句話是從哪裡學的?因為我們家從來不會這樣說。」

他說：「在我們班上學的，我們班的同學都這麼說。」

我這才放心，因為這不是被大人逼迫或威脅後說的，而是小孩之間的一種遊戲。但從那次提醒後，他再沒跟我說過一次「我發誓……」這樣的話。

大家可能不理解我為什麼會特別在意孩子說「我發誓……」這句話，因為這句話會讓我感到他的自尊水準正在下降。如果一個孩子很有自信，自尊水準很高，他就不會為了取得別人的信任或重視而隨便跟對方說「我發誓……」。所以，如果父母的價值觀是正確的，在與孩子溝通時不威脅、恐嚇孩子，而是充分重視和尊重孩子的意見，孩子的自尊水準就不會下降。尊重像什麼？有個比喻我覺得特別好：尊重就像空氣，它存在的時候，你不會有感覺，但一旦它不在了，你立刻就會感到不舒服。因此，尊重在溝通當中非常重要。

喜歡與別人比較

愛比較的人在我們的生活中很常見，究其根源，其實這是一種虛榮浮躁、渴望認同的心理在作祟。在《史記．項羽本紀》中，項羽曾說過這樣一句話：「富貴不歸故鄉，如衣錦夜行，誰知之者！」這說的是項羽攻占咸陽後，有人勸他先定都，然後集結兵力一統天下，可項羽卻急著要回故鄉，認為「富貴不歸故鄉」，不給父老鄉親看看，如衣錦夜行，就像穿著漂亮的衣服在夜裡行走，誰能知道呢？結果錯失良機，被壯大起來的劉邦打得落花流水，一敗塗地。

喜歡與人比較的人，無非就是希望通過獲得別人的認可和讚揚來滿足自己的虛榮心，但這樣的結果只會讓人厭煩，甚至還會在無意中傷害別人，使別人不自覺地陷入被動比較當中。當看到人家各方面都比自己強時，心裡自然不是滋味，於是也不想再與對方繼續交流，這也是大多數人的自然反應。

另外我還要強調一下，家長永遠不要拿自己的孩子與別人家的孩子比，動不動就說：「你看人家××，每次都考第一。」、「你看看你表哥，上的有名大學。」……當你不斷在孩子面前說這些話時，其實是在不斷降低孩子的自尊水準，讓孩子感覺自己不行、不如別人。這樣不僅不能讓孩子奮起，還會讓他變得自卑、敏感。

以上這四種溝通方式，都屬於不尊重的溝通方式，在與人溝通時，我們應盡量避免，既不要讓這些溝通方式影響了你的人際關係，也不要讓它們影響到你與孩子的溝通，甚至影響到孩子的心靈健康。

Chapter 3

溝通高手都善於掌控情緒

當我們在溝通中遭遇不愉快，進而產生消極的情緒變化或心理狀態時，最重要的是控制這種糟糕的情緒或心理蔓延，別讓自己被情緒所左右，否則溝通效率會大打折扣。

停止你的暴力溝通

什麼是暴力溝通？舉例來說，如果一個老師對學生說：「你怎麼這麼笨？我都教過你好幾次了，你還把題目做錯！」這就是暴力溝通。作為一名老師，用帶有貶義的詞語來評判自己的學生，會讓學生很受打擊，這也是暴力溝通帶來的直接後果。相反，如果老師這樣說：「這些題目老師已經給你講三遍了，現在你又做錯了，是不是還有不理解的地方？」換成這種陳述事實的方式來與學生溝通，學生會更容易接受。

前文有述，溝通目的的共性是尊重與合作，簡單地說就是要平等對話、友好協商。但在現實生活中，很多人常常會莫名其妙地陷入暴力溝通當中。

丈夫下班回到家，看到家裡亂成一團，妻子也沒做飯，正在床上哄一歲的女兒睡覺，立刻就生氣地指責起來：「你這天天在家都幹什麼了？房間也不收拾，飯也不做，就哄個孩子而已！我上一天班回來，連口熱飯都吃不到，還不如不回來！」

妻子一聽也很生氣，本來哄一天孩子已經很累了，還要給丈夫做飯、做家務，現在不過晚做了一會兒飯，就被丈夫指責一頓，心裡非常不舒服。於是兩人大吵一頓，各自生了一肚子氣，該解決的問題一樣也沒解決。

這樣的場景就是典型的暴力溝通，不僅解決不了任何問題，還會讓問題更加嚴重。那麼，暴力溝通是如何產生的呢？為什麼我們不能好好溝通，偏偏要夾槍帶棒呢？原因就在於我們很容易被暴力溝通的情緒所掌控。一旦情緒失控，原本普通的日常交流就會演變成為一種暴力行為。

暴力溝通的出現主要有以下幾個原因：

道德評判

當某人做了一件事後，我們覺得這個人做的事不能讓我們滿意，就會產生不滿情緒，繼而產生一些習慣性的定義，比如認為這個人很沒修養、沒素質、不尊重人。

大家應該有過這樣的經歷：在開車時，如果我們的車裡坐著家人或朋友，他們在用完衛生紙後，隨手就把紙扔出了窗外，我們可能覺得這種行為不合適，但通常不會因此就認定該人「沒道德」、「沒素質」。然而，當你發現前面一輛車裡的人朝外扔衛生紙時，你立刻就會說這人「沒道德」、「沒素質」。

這就是一種道德評判，因為你在指責對方的行為，而指責其實就是一種暴力溝通。如果此時讓你下車跟對方交涉，你也很難心平氣和地與對方分析這件事的對錯，而是會直接指責對方行為不當。因為你是帶著不滿情緒去的，結果也只會演變成一場暴力溝通。

進行比較

這種行為的表現就是經常拿身邊的人跟別人比：「你看看人家××，又升職了！」、「你看看××家孩子，考上有名大學了，你怎麼就不行？」一進行比較，你的不滿情緒就會流露出來，接下來的溝通自然也不會愉快。如果一個人不能客觀地看待別人，也就不可能以平等、尊重的態度與對方進行溝通。

回避責任

有些人在溝通時總喜歡把責任推給別人，動不動就說「我不得不這樣」、「這件事我是被迫的」……這是一種「習得性無助」的狀態，讓自己陷入抱怨和痛苦的情緒之中。以這種回避自己責任的態度與別人溝通，也會令溝通陷入僵局。

強人所難

這種狀態在家長與孩子的溝通中最為常見，家長們常常打著「我是為你好」的旗子，「苦口婆心」地要求孩子按照他們的想法行事，甚至威脅孩子：「如果你不這樣做，我就怎樣怎樣。」這對孩子來說是多大的威脅呀！如果孩子不遵從，就會演變成一場暴力溝通。

事實上，我們溝通的目的是為了解決問題，而不是發洩情緒。情緒是一把要命的雙面刃，你發洩時的確很痛快、很爽，但結果卻很可能會讓你付出本不該付出的代價。尤其在溝通不順暢的情況下，暴力溝通的方式會令溝通更加困難，甚至難以繼續。

要想解決問題，就必須停止暴力溝通。哪怕你真的有負面情緒，如不滿、憤怒、傷心、失望等，首先要做的也是學會表達自己的感受，而不是直接發洩情緒。拿上面的案例來說，丈夫回家發現妻子沒做飯，就可以換個方式來溝通：

「親愛的，我知道你照顧孩子很辛苦，有時顧不上做飯，但我上一天班，午飯又吃得不好，有時下班回來就會很餓，所以我希望你能趁孩子睡覺時給我簡單準備一點飯菜，可以嗎？」

在這個溝通過程中，丈夫除了陳述妻子沒做飯的事實，沒有任何負面評價，同時也恰如其分地向妻子傳遞了自己的需求。

溝通的魅力，就在於能對對方的感受有切身的體會。而無效溝通則是一種「對牛彈琴」的感覺。暴力溝通就是一種無效溝通。那麼，我們怎樣才能停止這種無效溝通，以一種非暴力的方式實現有效的溝通呢？

我給大家總結了一個溝通的公式，大家可以學著套用一下，這個公式就是「我觀察到……我感覺……是因為……我請求……」。

「我觀察到……」

「我觀察到……」就是陳述你看到的事實，這也是你在溝通時首先要說出的話。比如，丈夫每天很晚才回家，那麼妻子的第一句話不能是「你還知道回來啊」或「你怎麼不死在外面」，而應該是「最近你回來得都很晚」、「你回來時身上都帶著酒氣」，這些都是你觀察到的事實。而且在說這些事實的時候，不要加入太多評判性的話語。

「我感覺……」

講完事實後，接下來你就可以講出自己的真實感受了，比如「我覺得很難過」、「我感到很失落」、「我很傷心」等等，這些都是你的感受和體會。

「是因為……」

這一步開始講原因，即你為什麼會感到難過、失落、傷心，比如「因為我希望我們的家不要像個旅館」、「因為我希望我們能一起聊聊天，這樣才有家的感覺」……這些是導致你不良情緒的理由，你應該平靜而清晰地表達出來。

「我請求……」

直接說出你的明確請求或希望，如「我希望你能每週抽出一天時間陪我」、「我希望你能在九點鐘之前回來」等等。

當你停止暴力溝通，改以這種表達方式與別人溝通時，就會減少很多矛盾，彼此的關係也會變得更加平等、更加互相尊重。

遠離「傻瓜式」溝通

人類的大腦可分為三個層次，其中最核心的一層為腦幹，也叫爬行動物腦，主要負責人的心跳、呼吸、睡眠等生理活動；中間的一層為腦緣部分，也叫情緒腦，主管人的情緒、記憶、體溫及其他居家活動等；最外層為大腦前庭，也叫理性腦，主要負責人的語言、邏輯、認知、反射、意識等高級思維活動。

在腦緣中有一個重要的部分，叫作杏仁核，它的主要功能是產生情緒、識別情緒和調節情緒，同時還負責學習和記憶功能。當人體遭受外界刺激時，杏仁核會促使人出現強烈的朝向反應。比如，當一隻狗突然向你撲來時，你的大腦會立刻做出兩種反應：要嘛讓你衝上去拚了，要嘛讓你撒腿就跑。當然，人在最關鍵時刻體現出來的往往是第三種反應——呆立不動，不知道該怎麼辦，俗話叫「嚇傻了」。

如果你在大街上被壞人搶劫，要是被嚇得不厲害的話，你可能會馬上呼救。而且凡是能喊出「救命」的人，多數都沒大礙。此時是大腦前庭部分在起作用，因為有反射，知道呼救。

但如果有人拿把槍頂在你頭上呢？你還敢喊嗎？這時候大腦前庭部分基本上會立刻封閉，不再起作用了，起作用的是杏仁核，它會促使人思考：是拚命反抗，還是找機會逃跑？此時，人根本沒有呼救能力，完全依靠哺乳動物的原始本能來行事。如果膽子大，可能會選擇拚死一搏；謹慎一點的話，就會尋找別的逃跑機會。

當然，當你被五花大綁地按在地上，後面的人已經拉好槍栓，馬上準備向你開槍時，你是既不會呼救，也不敢逃跑的，因為此時已經是大腦中最核心的部分——腦幹在起作用了，它會想盡辦法讓你回歸到爬行動物的狀態，減少消耗，保存體力，努力活下來。所以我們經常看到一些報導，說某人被埋了很長時間，被救出來後居然又活了，這就是腦幹在發揮作用。

通過這個案例我們知道，大腦中的杏仁核經常會「綁架」我們，影響我們的情緒和判斷，並促使我們做出一些相應的反應。比如在生活中，妻子指責丈夫不關心自己，丈夫馬上脫口而出：「還要我關心你，那你關心過我嗎？」在說這些話時，就是杏仁核在起作用。當我們的大腦無法正常思考時，我們就會排斥需要縝密思維的複雜情況，從而更傾向於做出戰鬥或回避的簡單選擇，並認定這樣做的理由十分正當。比如，我們可能會這樣想：「為了讓我自己有面子，我要想盡一切辦法來詆毀羞辱對方。雖然這樣並不太光彩，但這樣做絕對沒錯！」，或者「我才不要理會他，我只想躲得遠遠的！」。

在這種憤怒的情緒下，我們的言行就會像一個沒腦子的傻瓜，此時做出的選擇就叫「傻瓜式」選擇，即要嘛跟對方爭吵下去，要嘛逃走，而不會去思考如何以更有效的方式與對方溝通。就像你明知道對孩子發脾氣並不能讓他的成績變好，反而會變得更糟，但你仍然忍不住要對孩子發脾氣。

要擺脫這種狀況，我們就要盡量避免「傻瓜式」選擇，讓大腦學會在情緒激動的情況下處理一些複雜的問題。比如，在出現憤怒情緒時，我們就馬上對自己說：「我的杏仁核起作用了，我要緩一下。」、「發脾氣並不能解決問題，反倒會讓情況更糟，我要想想是否有更恰當的處理方法，或其他可能性。」

之前我們講過，大腦皮層中還有個基底核，也就是我們潛意識存在的地方。當我們做某些事形成習慣後，這些習慣就會被存入潛意識之中，並不斷強化。此後再做類似的事，基底核就會直接控制我們的行為，因為它們已經成了我們的一種習慣。

而在溝通過程中，除了杏仁核會左右我們，基底核也會左右我們，讓我們在無意中甩出一句話，結果莫名其妙就令對方感到很不愉快。這是因為你已經習慣了這種溝通方式，你的習慣性反應就是如此。

我在跟員工們溝通或在外面講課時，都會很客氣地說普通話。但只要我一回到陝西，一說陝西話，我說話就沒那麼客氣了，各種俗語方言、兇人的話全都冒出來了。這就是基底核在起作用，因為我曾經在這裡生活了很多年，已經習慣了這種溝通方式。

為了避免這種溝通方式帶來的溝通障礙，我們必須更多地調動大腦前庭和大腦皮層的作用，去克服杏仁核和基底核給我們的溝通帶來的情緒影響，遠離「傻瓜式」溝通。只有在我們學會打破大腦中的思維慣性後，才能在溝通中避免讓自己產生「我心情不好是別人造成的」這樣的想法。如此，我們才能回歸溝通的本質，而不是去針對那個令我們憤怒的人。

當我們慢慢習慣於這種有效的、非暴力的溝通方式後，這種方式也會慢慢形成習慣，繼而深入我們的基底核當中。這樣再與人溝通時，即使杏仁核仍然會蹦出來左右我們的情緒，藏於基底核中的習慣也會站出來幫我們抵禦這種不良情緒，讓我們去關注事情的本質，而不是被情緒左右。

⋯ 獎懲式溝通的代價

獎懲式溝通在我們的生活和工作中隨處可見。在生活中尤其普遍存在於家長與孩子之間，在職場中則普遍存在於上司或老闆與下屬之間。它的直接表現是：你表現好，我就獎勵你；表現不好，我就懲罰你。

比如，在孩子考試前，有些家長會對孩子說：「你這次如果考一百分，我就帶你出國去旅遊。」、「你要是這次考不了全班第一，我什麼都不會給你買。」……結果呢？孩子不但沒有對學習更有動力、更有興趣，反而容易產生厭學情緒。

再比如，上司向下屬交代工作時大多會說：「這是個大項目，如果你能完成得讓客戶滿意，升職加薪都是小意思。」、「離完成全年任務還有一個月時間，如果年終績效考核不過關，公司會根據未達標的比例扣發年終獎金。」……

上司和老闆的原意是想鼓勵下屬，但時機不恰當的話，這種鼓勵會變成無形的壓力，下屬的士氣不但沒有被帶動起來，反而還會大跌，最終影響業績的完成。

為什麼會出現這種情況？

事實上，這種獎懲方式就是一種「胡蘿蔔加棍子」策略，即運用獎懲並存的手段來誘發人們相應的行為。它最早出自一則古老的故事，說要想讓驢子快速地拉車前進，要嘛在驢子前面掛一根胡蘿蔔引誘它，要嘛就拿一根棍子在後面驅趕它。

那麼，「胡蘿蔔加棍子」策略有沒有效呢？有，但前提是你面對的是一個動物，因為這本來就是對動物實施的方法。而我們溝通的對象是人，有著複雜的思想、情緒、狀態以及尊嚴感，這些對他的學習和工作都會產生很大影響。在這種情況下，你的「胡蘿蔔加棍子」策略不僅無效，還可能導致不良後果。

對於孩子來說，學習成績好本身是件美好的事，但家長卻將它當成一個可以交換的東西，那麼孩子就會將學習好當成一種獲得獎勵的方式。同樣，員工努力工作雖然可以獲得高工資，但更重要的是為了提升自己的能力，高薪、獎金或獎盃都是努力工作的附帶結果。如果你努力工作只為獲得高薪、獎金，一旦沒實現，你就會動力不足，甚至質疑自己的能力。

所以說，獎懲式溝通弊端多多，甚至會讓你付出巨大代價，具體來說有以下四點：

破壞對方的安全感和信任感

孩子的安全感和信任感最初來自父母無條件的愛，但如果父母出於控制孩子、讓孩子聽話等目的，經常與孩子進行獎懲式溝通，就會破壞孩子的安全感和信任感。孩子會覺得要獲得爸爸媽媽的愛、關注、陪伴，就必須努力學習、好好聽話，否則自己可能就會一無所有。如此一來，父母對孩子無條件的愛、關注和陪伴，就會與孩子好好學習、聽話之間形成一種交換關係。當孩子有這種感覺後，他們又怎麼能從父母那裡獲得充足的安全感和信任感呢？

同樣的道理，在職場上，下屬的成就感主要來自工作中的成績和上司的賞識。如果上司總是拿績效考核指標來壓迫下屬，採用獎懲式的溝通來與他們對話，那麼下屬在上司那裡就很難獲得成就感。成就感一旦消失，很多人就會失去工作的動力，業績反而會變得一塌糊塗。

打壓對方的內驅力

鼓勵對方為獲得獎勵或逃避懲罰而努力，而不是遵從自己的內在價值去行動，這一點危害很大。要完成一個任務，出於內在動力或意願去完成，和在「胡蘿蔔加棍子」策略下去完成相比，結果可能一樣，甚至「胡蘿蔔加棍子」策略更顯效。但在這兩種情況下，人的內心會產生哪些變化呢？

顯然，出於內在動力或意願去完成一件事時，人的內心應該是充滿熱情的；而在「胡蘿蔔加棍子」策略下，人的內心往往會累積越來越多的怨恨：「為了得到爸爸媽媽的認可，我竟然抄襲別人的答案！」、「我竟然為了這點錢出賣自己的尊嚴。」……這種情緒是很可怕的！

一次與一位企業高層聊天時，我問他：「你怎麼看起來一點都不高興呢？跟我聊聊你的工作吧。」

沒想到他馬上沉著臉說：「不要跟我談工作，八小時之外我從不談工作！」

我很意外，就安慰他說：「你這麼不開心，其實應該調整一下，讓自己高興起來。」

他說：「不需要，我不需要高興。」

我又問：「為什麼？」

他說：「工作啊，就是生活的代價，我願意為生活付出這個代價，所以我每天都認認真真地工作，承受很多痛苦。但是，八小時之外我就不想再談工作，連想都不願想。」

這其實是一種很糟糕的狀態。試想一下，每天有二十四個小時，八小時是痛苦的，那就意味著每天有三分之一的時間是痛苦的。再放大一點，人生差不多三分之一的有效時間是痛苦的，人的狀態又如何能好呢？

再者，這樣的人絕對不會努力地想要成為一個最棒的工作者，他們工作只是為了拿到那份工資，所以對工作的態度也是能應付就應付。這樣的工作態度，又怎麼能在工作中獲得快樂和提升呢？

對此有人可能會提出異議：工作本來就是為了賺錢啊，只工作不談錢不是耍流氓嗎？我相信很多人都會有這種想法，認為人生當中就是不斷地交換：你給多少錢，我做多少事。表面看這好像很有道理，但你忽略了一個最重要的問題：在這份工作當中，你自己的內在價值是什麼？你有沒有從內心中產生真正的動力？

愛因斯坦的《廣義相對論》發表之前，《狹義相對論》已經發表了，而愛因斯坦也已成為德國的院士。就在這個時候，他忽然宣布：「我要繼續研究廣義相對論。」普朗克勸他說：「你不要再去研究了。第一，你研究出來，也沒人能看得懂；第二，你很有可能根本研究不出來，結果一世英名毀於一旦。所以，你還是不要去做這件事了。」

但愛因斯坦回答說：「正因為如此，我更要研究。」

達文西是一位偉大的畫家，他畫畫有一個顯著特點，就是從來「不交工作」。什麼意思呢？

比如，有人給他一筆錢，讓他給自己畫一幅自畫像，達文西拿到錢後就開始畫，卻一直畫不完。不是他故意不畫完，而是他一直覺得畫得不夠好，還可以畫得再好一些。於是就這樣一直畫、一直畫……

達文西最著名的畫作是《蒙娜麗莎》，這也是達文西最喜歡的作品，歷時幾年才完成。但直到快要去世的前幾天，他還在對這幅畫作進行完善，就是「不交工作」。也就是說，他不是為了佣金工作，而是為了自己的愛好、為了自己的內心、為了自己的創造力而工作。

這就是內心的價值。

所以，如果一個人做事不是出自內心的價值和動力，他就會很痛苦。而通過獎懲，又會令對方把重點全都放在要做的這件事上，忽略自己內心的價值和動力。這是第二個要命的代價。

剝奪了對方與你合作的快樂和願望

前面我們說過，溝通目的的共性是尊重與合作。什麼樣的合作才是好的合作呢？自然是愉快的、能夠達成雙贏的合作。在建立合作之前，對方是抱著「愉快、雙贏」的願望的，但如果你告訴對方「你如果不做，我就不給你好處；如果你跟我合作，我就給你多少多少好處」，對方內心的感覺就變了。

當然，這種變化是非常細微的，我們只能自己體會。也許你說這句話時表現得很客氣，也很真誠，而且覺得這是很正常的現象，做生意嘛，自然都想圖點好處。但當你用這種獎懲的方式與對方溝通時，你與對方的關係立刻就發生了改變，你們也只能是甲乙方關係，而不再是合作者或朋友。至於你們雙方是否能從這種關係中真正獲得快樂，只能你們自己衡量。

那麼是不是說，在生活中的任何時候都不能運用獎懲式溝通呢？也不能這麼絕對，因為這不是溝通的核心，我們只能說獎懲式溝通是溝通的一大威脅。

讓對方學會了用獎勵和懲罰獲得他想要的東西

在家庭教育中，我經常用另一個詞來代替獎懲式溝通，就是「交換」。在我們和孩子之間最重要的是什麼？是無條件的愛。但當你經常與孩子用交換的方式說話時，你對孩子的愛就不是無條件的了，比如有些家長經常跟孩子說：「你期末考試進入前十名的話，我就獎勵你一支手機。」、「你這次比賽拿到第一的話，我就帶你去旅遊。」這種溝通都是交換。雖然父母的本意是愛孩子，但孩子從中獲得的信息卻是：我只有滿足什麼條件，才能換來我想要的東西；甚至會認為：我只有滿足什麼條件，爸爸媽媽才會愛我。哪有父母不愛自己孩子的呢？可你的溝通方式卻令孩子感受不到你對他的愛。

如果你經常以這種方式與孩子溝通，孩子長大後，也很容易拿著你們「遺傳」給他的溝通方式來跟你溝通：「你不讓我學唱歌，我就不讀書了！」、「你不給我買手機，我就離家出走！」這是不是在談條件？可是，孩子的這種溝通方式，不正是你「教」給他的嗎？

所以說，獎懲式溝通雖然能暫時讓孩子聽話，但長期來看卻很不利於孩子的成長，它會讓孩子學會用獎懲的方式來獲得自己想要的東西，而不是通過自身的努力去爭取，這種利害關係是很明顯的。

溝通中切忌挖苦嘲笑

吳曉波曾經講過一個故事，這個故事發生在一九九九—二〇〇三年期間。當時國企改革，有兩千多萬名工人失業。在這些失業工人當中有一對夫妻，兩人都失業了，但孩子還在讀書，家裡需要用錢的地方很多。

有一天，孩子放學回來說學校要辦運動會，老師要大家都穿運動鞋，但當時這個家庭經濟特別困難，根本沒有多餘的錢給孩子買鞋。

於是，妻子開始數落丈夫，怪丈夫沒本事，不能像別人那樣賺大錢，讓妻子孩子跟著受苦。丈夫埋著頭，一言不發，過了一會兒，丈夫默默走向陽臺，從窗口一躍而下……

貧窮和失業原本就已經讓丈夫的情緒處於崩潰邊緣，而妻子的諷刺挖苦更加劇了丈夫的絕望，於是悲劇發生了。其實兩個人原本就是在一起經歷困難時期，再多的挖苦、諷刺、嘲笑都無濟於事。如果妻子這時能安慰丈夫一下，或跟丈夫一起想辦法解決問題，可能就不會釀成這樣的悲劇了。

當然你可能說：「我有時就是控制不住自己，不吐不快！」很顯然，此時的你已經被杏仁核綁架了，但你要明白：當你在盡情地宣洩自己的情緒，用苛刻的語言挖苦嘲笑對方時，對你們的溝通有益嗎？可能只會讓接下來的溝通更難進行，結果也只能是傷人誤己，於事無益。

確認溝通目的，理性交流

溝通的前提是尊重，目的是要解決問題，而不是發洩情緒，所以在溝通過程中，最重要的是控制住負面情緒，不要讓情緒影響到理性分析。即使你要向對方表達自己的感受，也不要隨便給對方的行為下定義、貼標籤。比如：

- 「你怎麼懶得像豬一樣，到現在還不起床？」
- 「你真是沒用，賺的錢都不如農民工賺得多！」
- 「你怎麼這麼差勁，供你上學簡直是白白浪費錢！」

……

試想一下，當對方聽到你說出來的這些話時，哪還能心平氣和地與你溝通？你不僅不能實現溝通的目的，甚至還可能引起對方的不滿和反擊。

溝通是建立在尊重的基礎之上的理性交流，在尊重對方的前提下，如果我們換一種說法，也許效果就完全不同了。比如上面的話，如果換種方式來說就是：

- 「我看到你還沒起床，現在天已經大亮了。」
- 「雖然你現在賺得不多，但只要努力，總會有希望的。」
- 「我看到你這次考試的成績不太理想，可能你在某些方面還要繼續努力。」

……

當然，有時良好的請求可能也不一定會獲得好的回饋，但至少不會破壞對方的心情，也不會讓眼下的溝通狀態更糟糕，這樣接下來的溝通就有希望朝著好的方向發展。

批評可以直接客觀

溝通不可能永遠都是讚美、商量和請求，對於那些出現錯誤或具有缺點的溝通對象，有時免不了要用到批評。但比起讚美、請求等溝通方式，批評會顯得更加困難，因為批評不是最終目的，而是使溝通與溝通之後的執行更加順暢的手段。可人們恰好容易把批評當成目的，結果忽略了溝通的本質需求。

所以你會發現，有些人在批評出錯的一方時，將溝通當成了發洩情緒的管道，對對方絲毫不留情面，諷刺、挖苦、嘲笑、指責……統統上陣，有多難聽就多難聽。出錯的一方原本想要虛心接受批評，結果卻覺得自己受到了不公平對待，成了批評者宣洩情緒的「垃圾桶」，雙方的溝通也因此陷入僵局。

在美國FBI（聯邦調查局）中，溝通技巧被認為是一種非常重要的工作方法，而其中怎樣批評下屬，也是很多FBI高層所重視的。

有一次，某市的一家大型首飾店遭到搶劫，店員趁歹徒不注意報了警，員警很快就包圍了這家首飾店。歹徒見狀，就挾持了幾名人質，並要求員警提供車輛供他們逃跑。員警一邊假意答應，拖延時間，一邊積極想辦法。但這種策略很快就被歹徒識破了，歹徒要求員警在五分鐘內為他們提供車輛，否則就殺掉人質。在這關鍵時刻，一位FBI基層探員站出來，說願意把自己的車提供給歹徒，交換人質。歹徒抓住這個機會，很快就逃掉了。

事情很快就引起了轟動，ＦＢＩ的探員竟然放走了歹徒！在這種情況下，ＦＢＩ組長馬奇找到這名探員，但他並沒有嚴苛地批評他，而是平靜地說：「你的做法的確挽救了人質，但作為一名新探員，你擅自做主，放跑了歹徒，這讓市民很難相信我們的執法能力。」此時探員也意識到了自己的冒失和錯誤，而馬奇繼續說：「我也不想再多批評你，你應該做的是盡快抓到歹徒，向大眾有所交代。」

馬奇雖然直接對探員提出了批評，但很客觀，沒帶任何個人評判，更沒有挖苦諷刺，所以很容易讓人接受。

從人格角度來說，任何人都是平等的，不存在高低貴賤，不論對方是否犯錯，你在與對方溝通時都不應該說一些帶有貶損對方自尊和人格的話。與此同時，為了讓溝通更有效，在批評之後，你還要盡量幫助對方面對他所需要解決的問題，並在此時進行適當的溝通，讓對方感覺到你解決問題的善意和真誠，讓你們的溝通達到相互滿意的結果。

不抱怨，把握溝通的尺度

溝通其實是個很抽象的名詞，它的內涵要比我們在字典中看到的解釋深奧得多。當我們與他人溝通時，要與對方互相傳達信息、表達感情，或者展示自己的某種特長、愛好等。從某種程度上來說，溝通是人與人之間發生關係的一種方式。如果我們不能好好地與他人進行溝通，就不能全面地瞭解自己和他人。

但同時我們又看到，在溝通時，總會因為種種原因出現一些不良的情緒，這些情緒與我們對現實的感覺是密切相關的。比如抱怨，當我們對一些人或事感到不滿時，首先想到的可能不是馬上去與對方進行深入溝通，或想辦法解決問題，而是先找人抱怨一番。

不知大家有沒有看過A·A·米恩的《小熊維尼》這套書？書中有一頭名叫屹耳的灰色小毛驢，雖然他有不少朋友，但他總是不快樂，每天都覺得有不好的事情會發生。比如，他覺得朋友們都不記得他的生日；但如果大家記得了，並且為他舉辦了生日派對，他又會想方設法地不去參加派對。此外，野餐時下雨，生活中出現問題，都會讓屹耳感到悲觀，也都要跟朋友抱怨一番。

生活中這樣的人很多，他們看到的總是事情壞的一面，動不動就牢騷滿腹，不論是在生活中還是工作中，一有機會就要把自己的不滿情緒發洩出來。比如：「我已經告訴你了，要你在我的麵包上塗果醬，可你卻給我塗了乳酪！你總是這樣，什麼都做不好！」、「你又把房間弄亂了，為什麼每次都要把房間弄亂？」、「你為什麼不在適當的時候給我打電話？」……

抱怨的主語是「你」，所以抱怨也就是在指責別人的不是。從主觀上來看，抱怨似乎在維護自己的自尊，是一種自我保護，與其讓自己體驗痛苦、自責、焦慮等負面情緒，不如將矛頭指向別人。但事實上，抱怨也是一種暴力溝通，它不但解決不了任何問題，還會重複消極的心理暗示，把自己的不良情緒傳遞給別人，讓溝通更加不暢。

我有個朋友，體型很瘦，但他妻子有點胖，經常說要減肥。有一天晚上，朋友下班剛回到家，妻子就跟他說：「我們今天就不吃晚飯了吧，反正我正在減肥。」意思就是她不吃晚飯，所以就不想做飯了。但我朋友很瘦啊，他又不想減肥，而且上了一天班肚子早就很餓了，聽妻子這麼一說，他感到很生氣。

隨後，朋友給我打電話抱怨：「你說這像話嗎？她不吃飯就不做飯了，難道不知道我要吃嗎？」

我說：「那你可以提出你的要求啊！」

朋友說：「我提了呀！」

我問他：「你是怎麼提的？」

朋友說：「我就說你得好好做飯，不能天天這樣混日子。」

結果呢？他妻子也很生氣，說：「我怎麼不好好做飯了？我不是給你煮泡麵了嗎？你可以吃啊！」因為他妻子認為煮泡麵也是好好做飯。

大家看，朋友有不滿情緒，不論是在跟我的溝通中，還是在跟妻子的溝通中，都充滿了抱怨，但抱怨並沒有真正解決問題。

要想通過溝通解決問題，就要停止這種抱怨式的暴力溝通，用有效的方式與對方進行溝通。我在這裡給大家提供幾種方法作為參考。

表達感受，提出訴求

感受是體驗的一部分，在正式溝通之前，不論你是想加薪，還是想獲得他人的關注，都要先控制住自己的情緒，轉而直接表達自己的感受。比如，男朋友忘了你的生日，你可以對他說：「在生日那天，我沒有收到你的祝福，我感到很傷心。」而不是說：「你怎麼連我的生日都不記得？你肯定不愛我！」

當然，在表達感受時，要多使用「我」，少使用「你」，這樣就能更好地避免暴力溝通的發生，像「我感覺……」、「我認為……」等，都是在陳述自己的情緒狀態，為接下來的溝通打開了一扇門。

隨後，你就可以提出你的核心訴求了，也就是你想通過此次溝通解決什麼問題，這也是你在溝通時要達成的目標。要注意，你的訴求一定要具體、清晰、準確，像案例中我那位朋友提出的訴求就過於模糊，而每個人對於模糊的詞的理解是不一樣的。所以我建議他在向妻子提出訴求時一定要具體，比如：「我們可以每週有三晚在家做飯，每頓晚飯應該葷素搭配、三菜一湯。」這樣才是具體要求，對方才能領會到你的真正需要。

闡述訴求的原因

我們不但要提出自己的具體訴求，必要時還要闡述清楚為什麼要提出這樣的訴求。再拿我朋友的案例來說，當他向妻子提出每週有三晚在家做飯、每頓飯應該有什麼菜時，要向妻子說明原因，如「如果每天晚上都不吃晚飯的話，我會很餓，而我又不需要減肥」、「葷素搭配才能滿足身體所需」等等。

很多人在描述問題時，往往會不經意地帶進個人評價，導致訴求和對現狀的描述混為一談，影響溝通，這一點要盡量避免。

向對方提出你的建議

在向別人表達感受、提出訴求後，你的訴求可能會被拒絕，對方不願意滿足你提出的要求，怎麼辦？

在這種情況下，切記不要用抱怨的方式來溝通，否則會陷入一種惡性循環式的溝通之中。你可以同時提出相應的解決方案，比如「每週的三次晚飯我們分工合作，你做飯，我洗碗」或「我們可以輪流做，你做一次，我做一次」。

總之，我們在進行溝通之前要控制好自己的情緒，不要一開口就抱怨連連，使溝通還沒開始就陷入無效狀態。不抱怨、不詆毀才是健康的溝通方式，才能獲得解決問題的最佳方法。

利用複述和認同感染對方

心理學上有一個「踢貓效應」，大家應該都不陌生。「踢貓效應」告訴我們，情緒是可以傳遞或相互感染的，這種情況也叫「情緒鏈」。在溝通過程中，這種效應經常出現。

一般來說，當我們的情緒出現問題時，大多是因為有其他的人或事誘發了我們的情緒，而再往上推演，也一定有其他的人或事點燃了這把火，這個人製造了糟糕的情緒，就如同釋放一個病毒，後面再不斷地複製和傳遞。與此同時，我們也可能會將這種不良情緒傳遞給下一個人……結果整個溝通過程就像一個惡性循環，誰也逃不了。

一九九二年，義大利的一位科學家做了一次實驗，他在研究猴子的大腦時發現，猴子在做動作時，牠們大腦中某個位置的神經元就會被啟動。而當猴子看到其他猴子或人做同樣的動作時，牠們大腦中那個特定位置的神經元也會被啟動。

其實，猴子大腦中的神經元就像是一面鏡子，會直接在觀察者的腦海中映射出其他動物或人的動作，所以也叫作「鏡像神經元」。後來科學家又對人的大腦進行研究，發現人的大腦中也存在這種鏡像神經元。它不僅能對人的一些行為產生鏡像反應，對人的面部表情和情緒也會產生同樣的反應。研究人員由此推測，這可能就是導致「情緒感染」的真實原因。

我們在安慰別人時，往往會說：「我非常理解你的心情！」這就是情緒的傳染性。也就是說，你的潛意識中其實一直藏著這樣的情緒，所以看到別人的情緒爆發時，你壓抑在意識深處的情緒就會被激發出來。

但很顯然，溝通雙方如果都帶著糟糕的情緒去溝通，是無法保證溝通效果的。所以，如果你不想讓對方的壞情緒影響到自己，首先要管理好自己的情緒，其次要學會慢慢疏導對方的情緒。當對方感受到你的信任和支持，情緒就會有所緩解，繼而才能聽進你說的內容，溝通才可能往下順利進行。

要達到這個目的，我們可以運用下面這兩種方法：

重複對方所說的話

這個方法非常簡單，但很有效。曾有個特別有趣的統計，在國外的一些餐廳中，餐廳中的侍者都是靠拿小費。那麼侍者怎樣才能拿到更多的小費呢？除了必要的服務外，就是靠不斷重複客人所說的話。

客人：「我要點一份牛排。」
侍者：「好的，一份牛排。」（記錄下來，沒有更多的話。）
客人：「再給我來一瓶××紅酒。」
侍者：「好的，一瓶××紅酒。」
侍者：「請問您需要紙巾嗎？」
客人：「不需要，謝謝。」
侍者：「好的，不需要紙巾。」

就是這樣簡單地重複客人的話，最後統計發現，這樣的侍者要比其他只會默默服務的侍者多拿百分之七十的小費，是不是很神奇？

那麼，為什麼只是簡單地重複對方所說的話，就能多拿小費呢？原因就在於，這樣做會讓客人覺得這是一個善於傾聽的服務人員，這讓他們感到很舒服、很享受，對侍者的好感自然也會倍增。

另外，在一些談判性的溝通當中，由於雙方的大腦都處於興奮狀態，所以情緒也特別容易激動。一旦其中的一方出現了激動情緒，另一方為了不處於下風，情緒也會被激發。這種情緒之間的相互感染，就會令談判陷入激烈的爭論之中，從而對談判產生不利的影響。

如果你不想出現這種情況，就要在對方出現激烈情緒時，想辦法平緩對方的情緒，此時最有效的方法就是重複對方所說的話。在我跟大家分享的《掌控談話》一書中，就有一個這樣的案例，是作者的親身經歷。

一九九三年，美國的一家銀行發生搶案，兩個歹徒劫持了銀行工作人員。其中一名銀行職員找機會報了警，員警很快趕到了現場。但由於當時場面十分混亂，員警也搞不清裡面到底有多少搶匪，只是發現外面有一輛車，裡面沒人。員警懷疑這輛車就是嫌疑車輛，於是派該書作者與搶匪談判。

當時，他的辦法就是不斷地重複裡面歹徒所說的話，比如他對歹徒說：「我們發現外面有一輛車，我們不知道是誰的。」歹徒說：「我的司機已經被你們嚇跑了。」他就重複一下：「哦，我們嚇跑了你的司機。」然後，他停留四十秒，這個時間叫作等待神奇發生的時間，因為人的大腦會有個特別的功能，就是當聽到別人重複自己的話時，就會忍不住想要給對方解釋一下。過了一會兒，裡面的歹徒果然開始不斷地傳遞出信息，甚至自己跑了出來。這正是因為他感受到了談判者對他的理解和想要幫助他的心理，考慮到自己的境況，他也知道跟員警硬碰硬是沒用的，所以自己出來投降，並告知員警，裡面還有一個同夥。

由此可見，有時候無須我們問對方太多的話，因為這樣反而會讓對方產生防備心理。我們只需要重複他的話，哪怕他說的是氣話、渾話，都可以重複，然後再留一點空白時間給對方，對方自然會收斂情緒，與我們重新恢復和諧的關係，從而讓溝通順利進行。

告訴對方「你說得對」

在談判過程中，當對方說出一句「你說得對」時，表示你已經獲得了對方的認同，你們的談判也向前邁出了一大步。

同樣是《掌控談話》的作者，他在菲律賓時還遇到這樣一件事。菲律賓的武裝組織綁架了一名美國人，他作為美方代表去與對方談判。對方的態度非常強硬，每天都給美方發影片，展示他們是怎樣折磨受害人的。當美方看到這些影片後非常憤怒，但因為人質在對方手裡，一時之間又無可奈何。

經過一番調查，美方掌握了這個武裝組織的背景以及他們曾經的一些遭遇，於是，這位作者就代表美方開始與對方談判。在談判過程中，他將美方調查的內容以及對方反叛的心路歷程等都講了一遍，結果對方沉默了一會兒，說：「你說得對。」隨後，對方放棄了一些談判條件，最後人質被成功解救。

這種溝通方法其實就是要讓自己和對方產生一種情緒連結，你在複述對方的經歷、標注對方的情感後，對方就會從你這裡獲得一份認同感。當與一個能理解自己、認同自己的人談話時，我們的情緒自然也會平緩下來。

如果我們將以上兩種方法結合起來使用的話，效果會更明顯。首先是傾聽對方，重複對方的話，接著對對方進行一番心理告白，用你對對方的理解來標注對方此刻的情緒，將自己平緩的情緒傳遞給對方，這樣就能很容易地獲得對方的認同，溝通也會漸漸向更有利的方向發展。

Chapter 4 溝通要從瞭解需求開始

需求是溝通當中的重要因子，凡是溝通中出現的問題，多數是由需求不清晰或需求未能獲得滿足所致。這裡的需求，既包括他人的需求，也包括自我需求。

洞悉對方真正需求，避免情緒積累

每個人生活在世，都會有需求：生存的需求、情感的需求、自我價值的需求……需求一旦出現，我們就會尋求滿足。當需求得不到滿足時，情緒就會產生。換句話說，情緒是需求沒能獲得滿足的一種外在表達。

比如，有的孩子總是想玩手機，不願意寫作業，家長很生氣，原因就在於他們期望孩子聽話、認真學習的需求沒得到滿足；丈夫半夜回家，妻子很憤怒，是因為她渴望陪伴的需求沒得到滿足等等。

長期下來，結果會怎樣？情緒會慢慢發酵。一段時間後，情緒很可能就會藉由一些小事發生激烈的化學反應，或是火山爆發，或是冷如冰霜。這時再想辦法去修復關係，溝通起來應該不會太順暢。所以，關注對方需求，是溝通中的一個重要話題。別人在跟我們交往的過程中，只要表達出了一些想法，或者做了一些事，背後一定潛藏著某個需求，我們要能夠看到這些行為背後的需求。

如果我們發現不了對方的真正需求，對方的情緒就會慢慢累積，變得易怒和暴躁，在與我們溝通的時候就會失去理性。如果這種情況發生在夫妻之間，那麼結果很可能會變成吵架、冷戰，甚至離婚。

如今，我國的離婚率不斷增高，在這背後一個核心的原因就是夫妻間的溝通出現了問題，而溝通不順暢的一個關鍵原因就在於：我們忽視了對方的感受和需求。如果我們能夠洞察和關照對方的需求，就能在很大程度上避免對方出現負面情緒，這樣溝通自然可以更順暢地進行下去。溝通順暢了，一切問題就迎刃而解了。

那麼是不是說，想與他人實現有效溝通，就一定要滿足對方的需求？比如有的媽媽說，孩子想玩手機、玩遊戲，如果從尊重和滿足孩子需求的角度出發，是不是就要讓孩子隨便玩？如果這樣的話，我們不就變成了一個毫無原則的人，孩子無論要求什麼，我們都要給他嗎？

並非如此。不論是大人還是孩子，在一些外在表現的背後其實都隱藏著更深層次的需求。只有透過表象去洞悉對方真正的需求，才能實現真正的溝通。比如對於孩子來說，他的需求或許是想要得到家長的關注和陪伴。有些家長可能會問：孩子想玩手機、玩遊戲，難道都是因為希望獲得關注和陪伴嗎？我們又該怎樣區分他們是真的只想放鬆一下，還是想要尋求關注和陪伴呢？

世界上本來就沒有無緣無故的愛，也沒有無緣無故的恨，如果你只限於滿足他人的一些表面需求，就很難與對方形成良性溝通。其實所謂真正的需求，一定是全人類都需要的東西。而手機也好、遊戲也罷，絕對不是一個全人類都需要的東西。古代人沒有手機，一樣活得很愉快，時代也一樣在發展和進步；現代人有很多也不玩遊戲，但並不影響他們的人際溝通。所以手機、遊戲只是達成內心需求的一種策略，而策略與需求完全不是一回事。

但是，很多人在與人溝通時，無論面對的是朋友、同事，還是家人、孩子，往往都會把注意力集中在策略上。比如，你想要玩手機，作為媽媽我不能給你；你想要升職加薪，作為老闆我不能答應你。這是因為家長和老闆都只看到了孩子和員工的策略，卻沒發現他們背後的真正需求，而這才是我們真正要探尋和關注的。這些需求可能是尊重，是關心，是陪伴，是鼓勵。只有瞭解到對方內心深層次的需求，我們才能更好地瞭解對方，與對方形成情感上的共鳴。在這裡講一個金惟純先生的小案例。

金先生有兩個女兒，大女兒青春期時，小女兒才三歲。有一段時間，兩個女兒經常打架，姐姐從來不讓著妹妹，經常把妹妹欺負哭。金先生的太太看到這種情況，很少出面制止，只是會在他面前不停抱怨：「你看看老大，現在成了什麼樣子！你也不管管！」金先生便去找大女兒談話，希望大女兒能懂事些，不要再欺負妹妹。可是，或許是因為正值叛逆期，大女兒根本聽不進他的話，而且每次談完話，大女兒欺負妹妹反而更厲害了，結果弄得全家不得安寧。

有一天，金先生下班回到家，一開門，小女兒像往常一樣跑過來撲到他懷裡，甜甜地叫著「爸爸」。對於金先生來說，這個情景是他每天回家最開心的事，於是他也像往常一樣抱起小女兒坐到沙發上陪她玩。每天在這段時間裡，大女兒都會一個人躲在書房裡不出來，太太則是在廚房邊做飯邊抱怨，這一天也不例外。以前他並沒有發現這有什麼不妥，但是在這一天，他卻突然意識到一個問題：原來，家裡之所以經常爭吵、抱怨不斷，並不是因為太太和大女兒關係不好，也不是因為大女兒和小女兒關係不好，而是因為太太和大女兒跟自己的關係不好，而她們之所以對他存有不滿，是因為她們的需求沒有得到滿足。每天回家，自己只陪小女兒，卻忽略了太太和大女兒也有感受和需求。太太經常抱怨，就是因為自己陪她的時間太少；大女兒不斷欺負小女兒，是因為覺得爸爸只關心妹妹，自己獲得的關愛卻越來越少。

在沒發現事情的本質之前，要維護一家子的和諧似乎很難，但深層原因被發現之後，問題解決起來就很容易了。從那天之後，金先生下班回到家，當小女兒撲過來求抱抱時，他就會說：「寶貝，我們先一起去抱抱媽媽吧！」然後他就會拉著小女兒到廚房跟太太打招呼，噓寒問暖一番。接下來，他會對小女兒說：「我們再去看看姐姐在幹嘛吧！」然後他會帶著小女兒一起來到大女兒的房間，跟姐姐聊一會兒。

就這樣，一段時間之後，金先生家之前那種雞飛狗跳的日子一去不復返了，因為大家的需求都得到了滿足。

所以說，瞭解到每一個行為背後的需求，我們也就找到了與對方溝通的窗口。

樊登讀書有許多經銷商和授權點，有些經銷商和授權點經常會給我提很多意見，當然有些意見是很好的，但也有些意見需要甄別。比如，有些經銷商認為我們的線上內容不夠全面，引入會員的方式過於單一、活動不夠豐富等等。對於這些意見，我會耐心聽取，但這些都是他們的真實想法嗎？不見得。這時我就要通過觀察去弄清不同經銷商心中的需要，然後再針對性地與他們溝通。

如果他們需要的是一點安全感，怎麼辦？

這時我就會告訴他，我會永遠支持他做下去，他馬上就不鬧了。其實，我的回答與他提出的意見可能毫不相關，但為什麼會起作用？就是因為我洞悉到了他的需求，在安全感這個點上給予了他極大的保障，他心裡自然就會坦然很多。

如果他們需要的是尊重，怎麼辦？

有時候，有的人會用各種問題、各種狀況來抵抗你。這時，你只要表揚他一句，或者向他表達一下感謝，問題很可能就解決了。因為他焦慮的情緒背後隱藏的是：我覺得我沒有被尊重，我覺得沒有人關心我，為什麼從來沒有人對我表示感謝……而一句表揚、一句感謝，恰恰醫好了他的「心病」。

可見，溝通並不像我們想像的那麼難，只要你能洞察到別人真正的需求，並有針對性地去滿足這個需求，溝通就會變成一件非常容易的事。

⋯人類共通的需求名單

人類有著各式各樣複雜的需求，而且這些需求在標準、形式、內容上都是在不斷發展變化的。從種類上來說，人類的需求是無窮無盡的；但從重要程度來說，它又有著一定的順序，或者說有著一定的層次。

美國心理學家馬斯洛在二十世紀五〇年代時就提出了「人類需求層次」理論，這一理論的基本點是：人都是有需求和欲望的，它們隨時有待滿足；人的需求是什麼，要看已獲得的滿足是什麼；已滿足的需求不再是行為活動的動力，只有未滿足和新產生的需求，才會形成溝通的基礎和動力。而且，人的需求是從低級到高級分為不同層次的，只有低一級的需求獲得相對滿足後，高一級的需求才會上升為支配人的行為的動力。

馬斯洛將人的各種需求劃分為五個層次，從低到高分別為生理需求、安全需求、歸屬與愛的需求、尊重需求和自我實現需求。另外還有求知需求和審美需求，這兩種需求沒被列入他的「需求層次」理論中，他認為這兩種需求應居於尊重需求與自我需求之間。

馬斯洛的這個「人類需求層次」理論，基本上包含了人類所共通的需求，除此之外，落實到我們每個人身上後，我相信大家還可以列出許多需求。我在這裡也列了一個需求清單，我相信這些需求也是絕大多數人的共同需求。

朋友、集體、歸屬感

就行為來說，人是一種社會性物種；就天性來說，很少有人不喜歡交流和朋友。群體為我們提供了身分上和感情上的支持，也給了我們歸屬感。歸屬的欲望又驅使我們依戀兩種群體，一個是身邊的小圈子，一個是集體。身邊的小圈子可以是三、五個人，也可以是一、二十個人，它通過友誼、共同的興趣愛好或目的相連結，為我們提供了有具體範圍的、更加公共的身分感和歸屬感；集體通常指我們所在的學校或工作單位等組織，是我們體現身分感、價值感和社會感的地方。

放鬆、休息、快樂

人的精力是有限的，大腦神經一直處於緊繃狀態，神仙也受不了！所以，每個人都需要一定程度的放鬆，從而讓身心獲得適當的休息。

我一般在講完一天課後，就會對此深有感觸。在講課時，我感覺自己從頭到腳都像打了雞血一樣，好像有用不完的精力。但下課之後，我就會感覺很疲憊，這時候我就特別不願意再去跟別人吃飯聊天，只想回到家躺在沙發上，打開電視，隨便看個節目。哪怕節目很無聊也無所謂，因為此刻我不需要再去思考這個電視節目好還是不好，我只是在以這種方式讓自己放鬆、休息。只有等到精力恢復，我們才能再次奔赴「戰場」，去完成那些未竟的夢想。

對於快樂的追求就更無須多說了，沒人會拒絕快樂。可以說，快樂是人類永恆的追求，自然也是共通的需求。

關注、理解、傾聽

渴望得到關注、理解和傾聽是人類普遍存在的心理，也是一個讓溝通雙方彼此受益的過程。

比如，有一些做慈善的人，他們內心會對那些受益的人充滿了感激，因為那些受益者滿足了他們的內心所需，讓他們體會到了幫助別人、給予別人愛的那種神聖感。所以，我們不能抱著施捨他人的心態去做慈善，這會讓雙方都不舒服；相反，只有抱著相互幫助、彼此滿足的心理去做這件事，才是真正做慈善。

學習、探索、發現

學習、探索、發現都可以被稱為一種實現自我價值的心理需求，它會促使我們努力提升自己的能力，獲得更多的機會，做一個對社會、對他人有用的人。同時，這些需求的實現也能讓我們獲得更多的尊重和自我實現，從而滿足我們期望獲得尊重和價值的需求。

選擇、自由、自我

自由、自我對很多人來說都是一件非常重要的事情，而且每個人都需要擁有自己的選擇權。雖然現代社會壓力大，很多人為了能擁有更好的生活不得不放棄自己的一部分自由，選擇做一些自己不喜歡的事，或者從事自己不那麼喜歡的工作，但是，這並不表示他們放棄了對自由、自我的追求，因為他們至少在心靈上還是會努力去追求自由、自我的。

被認可、信任感、安全感

每個人的內心都希望得到別人的認可和信任，希望自己能受到他人的重視。當獲得這些後，我們的存在感、價值感、安全感等都會隨之增加，同時認為自己所做的一切都是值得的、有價值的。

相反，不被認可、信任，缺乏安全感的人，會生活在痛苦之中，身心飽受折磨。他們常常想要掩飾這種感覺，甚至會自欺欺人，可是又會不自覺地流露出內心的自卑、不安——至少他們的目光、肢體語言會暴露這一點。

支持、尊重、愛

我們每個人都難免會在生活中經歷大大小小的失敗，但大多數人都能朝著積極的方面繼續努力。在這個過程中，如果能有人給予我們一定的支持和尊重，無異於「雪中送炭」，不僅能安撫我們受挫的心，還能維護我們的自尊。雖然我們暫時失敗了，但自尊心會因此重新建立起來，這種自尊也會讓我們再次擁有自信。

而對愛的需求，是人的一種本能需求，更是人類所有需求當中最為深刻的一種。愛是人類獲得情感安全、個人力量和信心的最為重要的來源。

除了以上這些共通需求之外，在這張需求清單裡還可以添加很多東西，比如自我表達、創造性、影響力、對新事物的體驗等等。

我們為什麼要列這樣一個清單呢？目的很明確，就是要求我們要訓練自己的觀察和思考能力，這樣才能在人際溝通中，通過對方的一句話、一個表情、一個動作，來探尋到對方的真實需求，從而為建立良好的溝通奠定基礎。

那麼，我們怎麼去用這個清單？

下面有一個母子對話的情景展示，叫作關注需求的魔力。

第一個對話：母子話語權的爭奪

孩子：我現在不想睡覺。
家長：但你現在必須睡覺了，已經到睡覺的時間了。
孩子：可我還不睏呢。
家長：如果你現在不睡覺的話，明天早上你就會很睏的。
孩子：不，我不會的。
家長：你會的。
孩子：不，我不會。

第二個對話：關注行為背後的需求

孩子：我現在不想睡覺。
家長：（揣摩孩子的感受與需求）你是不是玩得正開心，還想繼續玩一會兒？
孩子：是啊，我不累。
家長：所以你想等玩累了再上床？
孩子：是的。
家長：還有別的原因嗎？

孩子：沒有了。

家長：我能和你說說為什麼我想讓你現在去睡覺嗎？

孩子：好吧。

家長：我想讓你好好休息，這樣明天早上就可以按時起床去上學。我發現，如果你平日晚上超過九點還不休息，第二天早上就會很疲憊。你明白我想要什麼了嗎？

孩子：你想讓我好好休息，早上按時起床。

家長：是的。謝謝你聽進去了。

你看出這兩段對話的區別了嗎？在第一段對話中，家長只看到孩子不肯睡覺這個表象，然後站在自己的角度要求孩子，結果孩子並沒有按時睡覺，接下來還很可能引發一場「戰爭」。而在第二段對話中，家長始終在通過孩子的外在表現探尋孩子的內心需求，然後站在孩子的角度與他溝通，最終孩子獲得了理解和尊重，雙方實現了雙贏。

我在看到這個案例時很有感觸，因為我在家裡就經常跟我兒子這樣對話。比如當他想玩手機時，我沒有直接拒絕，而是先跟他進行溝通：

我：你想不想知道爸爸為什麼不讓你看手機？
兒子：為什麼？
我：因為看手機會對眼睛不好，你希望戴眼鏡嗎？
兒子：我不希望戴眼鏡。
我：如果你看手機時間太長，眼睛就會很難受，這對眼睛是非常有害的。
他：嗯，但有時候我也很想看。要不然我每天最多看十五分鐘？
我：可以。

就這樣，看手機的事就搞定了。這就是關注彼此需求的對話，當家長與孩子能夠做到互相尊重彼此的需求時，相處起來就會減少很多矛盾，親子關係也會更和諧。

所以我希望家長們能理解一件事：如果你不能在孩子面前展現出彈性，孩子就沒法學會彈性；如果你在孩子面前表現出來的是沒得選擇，要求孩子必須這樣或那樣，那麼孩子也學不會做選擇，只會變得懦弱、依賴。

其實，在與孩子的溝通中，家長不見得每次都要贏，核心是要學會尊重對方的感受，甚至最後可能彼此都要妥協一下。比如，孩子不肯上床睡覺，我們可以跟他溝通：「玩十五分鐘後上床睡覺可以嗎？」如果你的彈性表現在只有你是剛性的，卻要求對方必須學會彈性，那是不現實的。只有家長率先展示出彈性，並在真正尊重孩子需求的基礎上，願意為孩子做出一定的妥協，願意商量、討論一個更好的方法，才能與孩子建立良好的溝通關係，並最終實現雙贏。

同理，這種關注需求的溝通方式適合各種場景、各種人群。那麼這些需求從哪裡去尋找呢？只要到人類共通的需求清單裡去找，總能找到我們想要的答案。

發掘和關注自我需求

我們一直在強調，溝通時應積極關注他人的需求，那麼是不是說，我們要完全以他人為核心，完全忽略自己的需求呢？

並非如此。實際上，良好溝通的第一定律是從自己開始的，倘若你還沒有調整好自己，自己的內心需求沒能獲得滿足，就很難與他人形成良好的溝通。當溝通進入關鍵階段時，你也會不由自主地去尋求你所習慣的模式，比如爭吵、冷戰、控制等。下面這個案例表現的就是在溝通中，我們看起來是在努力滿足自己的需求，但實際上恰恰忽略了自己的需求，只顧發洩情緒了。

一位丈夫回家很晚，妻子在家一直等到十一點多，丈夫還沒回來。其實這不是第一天妻子這樣等待了，丈夫已經連續很多天在外面應酬到很晚才回家，妻子很不滿。她希望丈夫下班後能早點回來陪伴自己，這是妻子的自我需求。

但是，當丈夫回到家後，妻子說的第一句話並不是告訴丈夫自己的真正需求，而是非常生氣地說：「你還知道回來？你怎麼不死在外面？你是把家當旅館嗎，想什麼時候回來就什麼時候回來？」

你看，這些話中哪一句與她自己真正的需求有關？完全沒有，有的只是情緒，表現出來的也只有對對方的傷害。但這些話說出來後，導致的結果是什麼呢？就是丈夫的怒火也被點燃，繼而還擊妻子：「那好啊！那我幹嘛回來呢？我死在外面很好啊！」然後就再也不回來了。

這也是現在離婚率不斷升高的主要原因之一，夫妻雙方都不能恰當地關注和表達自我需求，也不願意耐心地去關注對方的需求，一旦溝通不順暢，直接發飆：「憑什麼要我讓步啊？」、「憑什麼要我關心他啊，他怎麼不關心我呢？」多牢固的婚姻能禁得起這樣破壞？

相反，如果我們能首先關注自己的需求，在自己的需求獲得滿足後，再以平和的心態、以同理心去關注別人的需求，這樣在出現矛盾時就不會那麼容易發飆，而是想著如何更好地表達自己的需求，並照顧到對方的需求，更好地維繫彼此的關係。所以，這也是我們一直在強調關注需求的原因。需求是所有行動的根源，不論是發脾氣、摔東西，都是因為我們內在的需求沒有獲得滿足。

當然，要讓自我需求真正獲得滿足也是個艱難的過程，在這種情況下，我們自然也很難願意主動去關注對方的真正需求。比如我爸爸就是這樣。

我爸爸到現在還總是擔心我，經常跟我說：「你看看你姐姐現在多好，多穩定，再看看你，總是沒下文。」我姐姐四十五歲就內退了，現在每個月領著幾千塊錢的薪水，在家裡過得很舒服。

在我爸爸眼裡，這樣的安穩日子才是最好的。而我雖然每天到處奔波，但是在他看來卻是一個沒有工作的人。

我也試圖跟我爸溝通：「我一個月光給別人發薪水就要發好幾百萬。」

我爸：「但是你現在沒有工作啊！」

我：「我這怎麼能叫沒工作？我給別人創造了那麼多工作！」

我爸：「但你無法升職啊！」

一句話，我無言以對。

面對這種情況，我該怎麼解決？再跟他講道理，必然行不通；不解釋，他就會繼續擔心。其實我也很理解，之所以出現這種狀況，或許就是因為他自己的某些需求沒能獲得滿足，所以也無法體會我內心的需求。那麼他的需求是什麼呢？

第一，可能是對安全感的需求。

他覺得我的工作性質不穩定，沒保障，如果哪天經營不善失業了，我的生存可能都會成問題。

第二，可能是對表達關懷的需求。

他沒有其他途徑來表達對我的關懷，因為其他事我都讓他很滿意，只有工作這件事，我沒有達到他的期望，所以他想用這個方式來表達對我的關懷。

第三，可能是不想就此退出歷史舞臺的需求。

對於一位曾經活躍在工作崗位上的老主管來說，他覺得自己是很有經驗和成就的，而現在我的工作顯然不是他期望中的樣子，所以他會覺得「我有這麼多經驗，我的想法你應該聽，我不會害你！」

因為他自己的需求沒有獲得滿足，所以他就不會考慮我的想法和我做一些事的理由。在這種情況下，如果我用「你不懂」、「你不要管」來回覆他，那我們之間的溝通顯然是無法進行的。

●●● 用給予禮物的心態去溝通

很多人喜歡跟我學習演講，在跟他們溝通時，他們總覺得演講是件非常令人緊張的事。我就問他們：「你知道演講最重要的心態是什麼嗎？」有人說是「重視」，有人說是「淡定」，回答五花八門，但我告訴大家，演講最重要的心態是一種「給予禮物」的心態。就是說，我來做演講的目的是要給大家送一份禮物，我要把自己擁有的知識、經驗、技能拿出來跟大家分享。至於你要不要，那是你的事，但給予是我的責任，這麼想是不是就不那麼緊張了？

同樣的道理，在與人溝通時，我們也可以以這種「給予禮物」的心態來進行。之所以這麼說，是因為這其中存在著這樣幾條原理：

給予是人類的基本需求之一

我們經常在一些書上看到這樣的話：生命的意義不在於你得到了什麼，而在於你給予了什麼。儘管這些話聽起來有些老生常談，卻不無道理。試想一下，如果我們在生活中不關心任何人，也從來不肯吃虧，只會不斷索取，那我們的內心會快樂嗎？我想這樣的人不可能快樂，相反，他的內心會變得非常空虛。

大家應該聽說過發生在上海的一件事，有一名婦女，以暴力手段強迫他人賣淫，不少女孩被騙進去後都出不來，每天遭受非人的虐待和摧殘。後來這名婦女被抓了，員警調查後發現，她竟然捐助了許多所希望小學，還資助好幾個貧困地區的孩子上學。這是不是很矛盾？她自己做著這麼糟糕的事，卻為孩子們捐了那麼多錢，為什麼？

其實這種行為在心理學上很容易理解，原因就是：代償。她知道自己做了很多壞事，就需要用這種給予他人的方式來獲得內心的安寧。所以說，給予是人類的基本需求，如果不能給予他人，我們的內心就會空虛、匱乏，就會想通過各種途徑給予。從表面上看，這是在做利於他人的事，實際上卻是在療癒自己，讓自己獲得人類最基本的需求。

你與他人有許多「禮物」可以互相給予

我這裡所說的「禮物」並不是那些用金錢買來的禮物，而是免費的禮物。有哪些免費的禮物可以給予他人呢？微笑、鼓勵、認可、讚賞、尊重、擁抱、愛，以及一些實用的方法、經驗、知識、技術等等，這些都是我們可以給予他人的禮物，同時也是他人可能會給予我們的禮物。通過互相給予，不僅我們自己能從中獲得歸屬感、成就感、價值感，還能與他人形成一種共情關係，即彼此感覺是一夥的，由此也可以讓溝通更加順暢。

學會辨識「禮物」

這一點很重要，因為很多人不會分辨這份禮物的「好壞」。

我們的一個經銷商，也是我的一個朋友，跟我抱怨說，他奶奶天天嘮叨他，說他「不能老這樣沒工作」，還是「趕緊找個工作做吧」。他跟奶奶解釋說：「我跟著樊老師創業，可以賺很多錢。」奶奶就說：「那不行，那都是騙人的，不是什麼正經工作。」於是他把我講課的影片發給奶奶看，奶奶仍然不信：「少發這些沒用的東西給我，都是騙人的！你肯定被人騙到直銷那邊去了！」任他怎麼解釋，老奶奶就是不相信他做的是正經事。

但是，如果我們理解這位老奶奶不斷嘮叨孫子背後的需求後就會發現，這其實正是奶奶給予孫子的「禮物」，這份禮物就是深切的關心、關愛，並且希望孫子能接受她的「禮物」。要是我們不能理解或者感受不到，就會把這份嘮叨當成負擔，而不是「禮物」。

因此，在溝通過程中，我們要學會換個角度思考，這樣才有辨識和接受「禮物」的能力。否則你就會發現，生活中充滿了負擔，充滿了各種各樣難以解決的問題。

慷慨地將「禮物」給予他人

要打造順暢、良好的溝通，就要求我們在恰當的時候果斷、慷慨地把自己的「禮物」給予他人。這份禮物可能是一句關愛的話，也可能是一個微笑、一個肯定、一句讚賞。千萬別小看了這些「禮物」，有時它們的力量會超乎我們的想像，比如經常有學員跟我講：「樊老師，我因為聽了你講書而變得怎樣怎樣好了。」我就特別感動和自豪，內心也充滿了力量。

有一段時間，因為工作比較累，我就想通過跑步的方式來減減壓。可剛開始我最多只能跑五百公尺，超過五百公尺我就喘不過氣了，這令我很沮喪。但堅持了一個半月後，我已經能輕鬆地跑上六公里了，並且速度越來越快，身體也感覺越來越好。是什麼力量促使我堅持下來，並收穫這麼大改變呢？

就是愛。我記得第一次決定跑步時是在威海，當我跟大家說我要去跑步時，他們紛紛要求陪著我一起跑。我諮詢過教練，教練給我的建議是：我在跑步時心率不能超過一百五十，所以他給我制訂的訓練規則就是跑三分鐘，走一分鐘。大家就陪著我這樣訓練，甚至在走時，陪著我的幾個朋友都是走一會兒就得等等我。就是通過這種方式一點一點地訓練，現在我的配速已經能到七了，比我剛開始訓練時快了很多。

至今我仍然認為，是大家的愛給予了我堅持的勇氣，所以當有人送我禮物時，我都會說：「當你幫助我時，我體內的催產素就會分泌出來。」什麼是催產素？就是人體內的一種非常特殊的物質，也是一種聯繫情感的激素，我們稱它為「愛的激素」。

它可以使人心情愉快，並且能使我們與他人建立強烈的情感連結，從而讓我們感受到愛和幸福。當你接受了他人給予的禮物，你體內分泌的催產素就會增加，你也會感受到來自他人的關愛，並願意與之溝通。同樣，當我們慷慨地將禮物給予他人，也會讓他人感受到愛，從而更樂於與我們建立良好的關係。

這裡我要特別強調一下，當你在給予別人「禮物」時，一定要是無條件的。比如在家裡，不要為了達到某種目的而與孩子交換條件，這種方式可能是獎勵，但不是給予。假如你對孩子說：「你這次考試考得好，我就給你買一輛腳踏車。」、「你好好學習，媽媽就會更愛你。」人是有邏輯的，當孩子聽到這些話後，他的邏輯就會自行進行排列，將好的東西排在前面，不好的排在後面，這種邏輯也叫生物邏輯。所以孩子就開始想：「哪個東西好呢？」「當然腳踏車好，媽媽的愛好。」「為什麼？」「否則你幹嘛用成績、用愛來跟我交換呢？」這就是孩子的邏輯。

有個非常著名的案例，大家覺得是冰淇淋好吃，還是芹菜好吃？肯定是冰淇淋好吃。為什麼大多數人都會覺得冰淇淋好吃呢？因為很小的時候家長就跟我們說：「你要先吃蔬菜，吃完蔬菜才能吃冰淇淋。」於是孩子就會在大腦中進行排列：冰淇淋第一，蔬菜第二，甚至認為蔬菜是個很不好的東西，是自己吃到冰淇淋要付出的代價。

後來有個心理學家想挑戰一下這個認識，他找來幾個小孩，對這些孩子說：「你們必須先吃完冰淇淋，才能吃芹菜。」接連幾天都這樣，孩子們必須先吃完冰淇淋，否則就不能吃到芹菜，結果怎麼樣？孩子們特別愛吃芹菜，甚至覺得吃芹菜是特權，都去搶著吃，生怕自己搶不到。

這是個非常有意思的小實驗。對於一個人來說，有些東西原本都是能接受的，但由於外在的引導，我們的邏輯就會對事物進行重新排列，使事物有了好壞之分。這也是很多家長無意中把孩子引導到不愛學習、不愛探索、不能吃苦的原因所在，原本可以通過給予「禮物」的方式輕鬆達到目的，最後卻不得不通過威逼利誘的方式逼著孩子去完成，結果可想而知。

從他人給予的「禮物」中學習和成長

他人給予我們的「禮物」，如真心的表揚、讚賞、誇獎、鼓勵等，我們很願意接受，並能夠從中獲得力量，更好地成長。而一些簡單粗暴的「禮物」，比如批評，可能沒有我們想像的那麼好、那麼讓人心情愉快，但我們也要好好衡量一下，這份「禮物」

是不是並沒有表面看到的那麼壞？是不是也有一些好的東西值得我們學習，能夠幫助我們成長？

這其實也在提醒我們，看人也好，看事也好，都不要光看表面，要能夠看到背後更深入、更有價值的東西，這樣我們才能對別人給予我們的「禮物」更加敏感，也願意以接受禮物的感恩心態與對方溝通。

總而言之，「給予」的心態是我們在與他人溝通過程中一個非常重要的基調，由此我們才能明白，在與人溝通過程中，我們的每一句話、每一個行為，到別人那裡都可能是一份「禮物」，都可能給對方帶來影響。同樣的道理，他人給予我們的，也可能是一份重要的「禮物」，我們要學會辨識。帶著這樣的心態去溝通，我們的人際關係會越來越好。

讓對方看到更多的選擇空間

前文我們曾提到，在溝通過程中，有一種心態匱乏的人，當他們的自我需求沒有得到滿足時，往往情緒就會變得很糟糕，凡事都會抱著一種很消極的態度。比如，在面對有限的資源時，心態匱乏的人會認為：這沒辦法，只有這麼多資源，不是給他就是給我，還能怎麼辦？而與之相反，還有一種心態富足的人，當他們的自我需求沒有得到滿足時，不會因此變得消極或抱怨，因為他們心裡想的是：雖然在這裡我的需求得不到滿足，但說不定在其他地方就可以得到。所以，他們的想法往往是：

「這次不成沒關係，還有下次。」

「這次我可以吃點虧，下次我占點便宜就賺回來了。」

「沒關係，我們還可以創造出更多的資源。」

「沒什麼大不了的，資源給你了，但我收穫了感情。」

……

看到兩者的區別了嗎？除了以上列舉的差別，在很多方面兩者都有不同的選擇。在溝通過程中，匱乏心態的人會一直覺得不滿足，總感覺一切都很糟糕、很令人生氣，因為他們覺得一切都沒得選。但富足心態的人恰恰相反，他們總能找到更多的選擇和更多的可能性。由此我們也可以說，富足心態的人與匱乏心態的人的本質區別，就在於他們對選擇的認識。

具有富足心態的人看到的永遠是自己擁有什麼，自己還有哪些可選擇的空間和可能性，這也是富足心態的本質。而匱乏心態的本質就是「沒得選」。

說到這裡，大家可以回顧一下，在與孩子相處的過程中，我們是如何引導孩子的？是將孩子引到了一條富足心態的路上，還是引到了匱乏心態的路上？或者父母在我們童年的時候是怎樣引導我們的？

我特別喜歡一本名叫《佐賀的超級阿嬤》的書，它是由日本作家島田洋七創作的一部自傳體小說。故事的主角德永昭廣原本住在日本廣島，一九四五年廣島被炸後，德永昭廣被媽媽送到佐賀鄉下，與自己的外婆一起生活。書名中的「阿嬤」就是「外婆」的意思。

外婆是個沒什麼文化的老太太，養活著七個兒女艱難度日，但她卻是個特別樂觀、豁達的人。外婆家的門前有一條河，每天一大早，外婆都會拿著一根又粗又長的木棍橫在這條小河上面，這樣一來，河上游漂下來的各種垃圾就會被攔在木棍上。到了晚上，外婆把這些垃圾統統拿下來，木棒、樹葉等當作柴火，有時還能攔到一點值錢的東西，外婆就把這些東西洗乾淨拿出去賣掉換錢，為家人換點吃的。

外婆走路時，腰上總繫著一根繩子，繩子下面拖著一塊磁鐵，目的是吸附地上的金屬廢品、鐵釘等，回到家後拿下來去賣錢。她常跟德永昭廣說的話就是：「如果只呆呆地走路，不是很可惜嗎？」

就是在這樣艱苦的環境之下，德永昭廣一天天長大。

有一天，德永昭廣考試成績不理想，回去後就跟外婆說：「我這次只考了兩分。」

外婆說：「很了不起啦。」

（當時日本都是五分制。）

德永昭廣說：「我只考了兩分，怎麼了不起？」

外婆說：「人生比的是綜合能力，加在一起有五分就夠啦。」

外婆的心態就是一種富足的心態，雖然德永昭廣的成績不是很好，但她覺得那沒什麼了不起。故事中的主角「德永昭廣」其實就是島田洋七自己，而他的性格也受到了外婆很大的影響。成年後的島田洋七的確沒好好上學，而是跑去學相聲、學脫口秀，後來與日本著名演員北野武成了搭檔，成為日本最有名的相聲演員。晚年時，他又開始寫作，其中他創作的《佐賀的超級阿嬤》系列，每本書的全球銷量都超過千萬。

從島田洋七身上我們可以看到，人生比的不就是綜合能力嗎？一時成績不好，並不代表一無所成，因為人生本來就有很多選擇。而那些拚命削尖了腦袋，認為只有上名校才有出息，上不了就什麼都完了的人，可能最後真的完了。為什麼？因為他們始終認為自己是沒得選的。

所以，在溝通當中，我們首先應該具備一個重要的認知，即對選擇的認識。你對選擇的認識，將會直接決定你的溝通方式，以及你的溝通結果。

有一次，一位很著名的教授去給別人做演講。但到演講現場後，他發現臺下坐的那些高層個個悶悶不樂。於是，教授就對大家說：「我發現大家都不太高興啊！」

臺下的人說：「是不高興啊，今天是週末，我們本來該休息的，但公司卻逼著我們來上課，能高興嗎？」

教授想了想，就問大家說：「大家覺得，你們能不能自己決定來不來聽課呢？」

臺下人回答：「不能自己決定，是公司規定的。」

「好的，你們已經做出了選擇。」教授說。

臺下人很不解：「這是什麼意思呢？」

教授說：「你們已經選擇接受了公司的安排，那麼現在你們選擇用什麼樣的心情度過這一天呢？你們可以選擇繼續不高興，在這裡悶悶不樂地坐一天；也可以嘗試聽一些內容，看看能不能從中找到一些樂趣，一起度過快樂的一天。你們自己來選擇。」

其實很多時候，我們都像案例中的聽眾一樣，覺得自己是被迫的、是沒辦法的，只能這樣。但實際上，我們應該認識到背後其實有很多可選擇的空間。

在與孩子的溝通過程中，我們同樣要鼓勵孩子看到更多的選擇，不要非此即彼。有些家長總喜歡讓孩子聽自己的，凡事都想替孩子做選擇，比如孩子覺得在北京工作很好，可家長非要孩子回到自己身邊，否則就各種威脅。但孩子回去後，並不見得比以前過得好，他們甚至會故意過得很糟糕，就為了給家長看，以此來證明家長當初替他們做的選擇是錯的。

這就是為什麼我們說每個孩子跟父母之間都會爆發一次「戰爭」，在「戰爭」中，如果孩子贏了，那是喜劇；如果父母贏了，那很可能就是悲劇，原因就在於孩子的潛意識中想讓自己過得很糟糕，以此來證明父母的錯誤。但如果我們把選擇權交給孩子，讓他們自己選擇自己的人生該怎麼過，結局可能就完全不同了。因為只有自己做選擇的時候，才會發現自己可以有更多的選擇。

所以，一個人的心態是富足還是匱乏，關鍵在於小時候接受的教育方式。如果父母總是威脅、嚇唬孩子，用逼迫的方式與孩子溝通，孩子慢慢就會失去自我選擇的能力。我們常說，孩子特別聽話不見得是好事，因為這表明他正在漸漸失去自我選擇的能力，內心也在逐漸變得匱乏，繼而覺得除了聽話之外別無選擇。這樣的孩子，長大後在與他人相處或溝通時，也會表現出匱乏的心態，難以看到更加廣闊的空間。

Chapter 5

營造安全的溝通氛圍

當我們按照慣性思維與別人談話時，通常會用自己最習慣的方式，但我們的慣性思維很可能讓對方感覺不安全。這時候我們就需要打破慣性思維，主動營造一個安全的溝通氛圍。

●●● 找到共同目的，讓對方感受到理解

當我們感覺溝通的氛圍不安全時，頭腦裡通常會出現兩個念頭：打或逃。這是人類的基因決定的一種「傻瓜式」選擇，是杏仁核搗亂的結果。但是，無論選擇打，還是選擇逃，都不是明智的，都有可能讓彼此的關係變得疏遠。

那麼，這種情況下恰當的做法是什麼呢？每年南飛的雁群給了我們一個很好的啟示：一支完美的團隊，一定是由很多有共同目標的人組成的。這個道理其實也可以應用於溝通，也就是說，如果想要營造一個順暢的溝通氛圍，要先找到一個共同的目的。

什麼是共同目的？通俗地說，就是在溝通的時候，要讓對方感覺到你們是朝著同一方向努力的，讓對方能感受到你對他的關注；反之亦然，對方也能讓我們感受到他真的在關注我們。

成功學大師戴爾．卡內基曾說：「所謂溝通就是同步。每一個人都有他獨特的地方，而與人交際則要求他與別人一致。」

回歸到本質上，溝通的藝術就是尋找共同目的的藝術。共同目的包括共同的利益、

共同的認知、共同的愛好以及共同的感受等等。這些共同目的可以產生安全感和親近感，因為人是具有認同心理趨向的。

在溝通的過程中，與對方的共同目的越多，溝通的阻礙就會越少，甚至會輕易獲得一些小問題上的諒解。因此在溝通時，我們一定要弄清楚對方的真實想法，同時要放棄想占上風的好勝心，還要拋掉自以為是的想法，通過尋找共同目的，來營造一個安全的溝通氛圍。

共同目的是對話的啟動因素。在你與對方溝通的過程中，一定要找到你們的共同目的或共同願景，如果短期沒有，就要考慮更遠、更大的願景是否存在。如果存在，就要把共同的目的和願景找出來。找出共同目的的核心是，既要達成自己的目的，讓對方知道你的意思，也要站在對方的角度，關注對方的目的。下面列舉兩個我們日常生活和工作中常見的情形：

夫妻之間在溝通時可以這樣說：「我們都希望這個家變得更好，不是嗎？」「我們都希望婚姻生活能夠變得更加豐富多彩，互動更多，更加友愛。」

上下級之間或者創業合夥人可以這樣說：

「我們都希望公司能夠更加成功。」

「我們都希望這家書店能夠辦得越來越好，並且我們大家從中都能夠得到提升。」

這些都是我們的共同目的。

當我們找到了共同目的，就能輕鬆解決溝通中的氛圍問題，然後開始愉快的對話了。

但有時候，如果雙方的目的很難達成一致，就需要我們想辦法為彼此塑造出一個共同目的。

比如，你到了結婚年齡，媽媽每天都在為你的婚事發愁，整天嘮叨要你快點找個男朋友。可是你現在根本沒有這個想法，因為你還想再多玩幾年。

如果這時候你不顧及媽媽的感受，直接把話嗆回去，那麼母女間的矛盾很可能會瞬間爆發。這時候應該怎麼辦呢？你可以在你和媽媽之間塑造出一個共同目的。比如你可以這樣說：「媽，我知道您都是為了我好，其實您的願望跟我的願望是一樣的，都是希望我將來能夠生活幸福，家庭美滿。」用這個共同目的作為開端，接下來的溝通就會順暢很多。

當你能夠跟對方塑造出共同目的，會很容易讓對方的情緒變得平緩，因為你讓對方知道了你理解他，而理解是解決一切問題的前提。另外，當你能夠去塑造共同目的的時候，也能有效地把對方喚醒，讓他從原來的慣性當中跳出來。

那麼，我們如何塑造共同目的、喚醒對方的認知呢？

找出對方的真實目的，塑造共同目的

當雙方的真實目的存在很多相似之處時，協商出一個共同方案就可以了。這裡的關鍵在於，你要理解對方的真實目的是什麼。因為很多時候外在的目的和心裡的目的並不完全一樣。

舉個例子。週末，妻子想去商場買衣服，想叫丈夫陪著去，而丈夫難得休息一天，想在家看球賽。這時候兩個人表面上的目的看上去不太一樣，如果再繼續溝通下去難免會出現矛盾。

妻子：「你難得休息一天，就不能陪我出去逛逛嗎？」

丈夫頗有怨氣：「正因為難得休息一天，我才更想好好在家放鬆一下。」

這時兩個人心裡都有些不高興。

妻子很聰明，她知道再繼續說下去，並不會有好的結果，於是她先做出讓步。

妻子試著問：「親愛的，你是不是想好好放鬆一下啊？」

丈夫緩和了一下，說：「是的，這段時間工作有些累，想好好放鬆一下。」

妻子說：「親愛的，我其實也不是想上街，就是想出去走走，最近照顧孩子我也很累。」

把孩子也帶進來，這時丈夫就會心有所動。

妻子繼續說：「趁孩子不在家，我們不如開車去郊外兜兜風，既能呼吸新鮮空氣，又能放鬆放鬆。」

丈夫思考片刻：「嗯，這個建議不錯。」

到這裡，我們已經清楚了，夫妻兩人一個表面想去逛街，一個表面想在家休息，其實真正的目的都是想找個清靜的地方放鬆放鬆。經過上面的溝通，雙方的共同目的就達成了。

無論是逛街還是在家休息，夫妻兩人的真實目的是一樣的，所以很容易達成一致。我們從這個案例中可以總結出塑造共同目的的三個步驟：

第一步：先一步做出讓步。

當雙方溝通的觀點不一致並進入關鍵對話時，你一定先要暫停爭議話題，並且主動說出願意和對方進一步找到彼此都滿意的辦法，來給對方營造一種安全感。

比如，你可以這樣說：「看上去我想去逛街，你想在家裡休息，我們再商量一下看看有沒有兩全其美的辦法。」

這時對方的態度就不會再強硬了。

第二步：進一步瞭解對方的真實目的。

氣氛緩和之後，你再去瞭解對方真實的目的是什麼。

比如，你可以問：「你為什麼想在家裡休息呢？」

對方答：「這一段時間工作累，就想好好休息一下。」

這時你就找到了對方的真實目的，就是想放鬆一下。

第三步：塑造共同目的。

如果兩個人的真實目的有相似之處，那我們就可以塑造一個共同目的。

比如，你說：「其實我去逛街，也是想放鬆一下。」這樣兩個人最後的真實目的就一致了，都是想放鬆。接著，兩個人再協商一個具體的方案去實施就可以了。

拓寬視野，塑造長遠的共同目的

如果雙方的真實目的完全不一致，該怎麼辦？

當雙方的短期目的沒有辦法達成統一時，就需要塑造一個共同的長期目的。這需要我們把眼光放長遠，去塑造對雙方意義更大的共同目的。

比如，丈夫升職了，要調到外地去工作，而且要去很長一段時間。而最近這段時間正是孩子即將考試的緊要時期，妻子得留在家裡照顧孩子起居。如此一來，夫妻兩人就會兩地分居，這時候矛盾就來了。從表面上看，夫妻兩人的目的是不一樣的。丈夫升職，事業上有提升，所以自然不想錯過機會；而妻子不希望丈夫離開自己和孩子太久。這時夫妻兩人就要從這個短期目的跳出來，去關注雙方更長期、更高層次的目的。

對夫妻兩人來說，讓整個家庭變得更好，讓孩子健康成長，才是最重要的。在取得這一點共識之後，兩個人就塑造出了共同目的。接下來，制訂出讓雙方都能接受的方案就可以了。

尋找連結，維護安全感，保持目的一致性

回過頭來看，我們塑造共同目的的本質是什麼？追根究柢是為了「尋找連結」。什麼叫尋找連結？就是你要讓對方覺得你重視他的個體，而不是只重視當時談話的目標。這才是核心中的核心。

之所以很多人不會溝通，就是因為沒有做到這一點。比如，有的人一開口，對方就知道他是個商人，因為他惦記的是對方的錢，在談話中也根本不在乎對方。但是，如果你能夠讓對方始終感覺到，你和他是有連結的，和他是一體的，而且特別希望和他一起解決問題，特別希望通過這次談話讓你們的關係變得更好，那麼事情往往就會如你所願。這其實就是在尋找連結。

當然，尋找連結並不是一件容易的事情。因為我們在與別人溝通時，總會有溝通不順暢的時候，比如在談到某個問題的時候，思維突然中斷了，這時就無法讓對方找到你要與他連結的感覺，你們後面的溝通也會各講各的，完全不在一個頻道上。所以，這種連結的感覺是非常敏感的。也許只是你的一句話，一個眼神，或者是你的初衷不純，都有可能中斷溝通。

那麼，怎樣才能保持這種連結的感覺呢？在我看來，溝通的初衷是很重要的一點。

也就是說，你這樣做的目的是否純正？你是真的在為對方著想嗎？你是真的為這件事情能夠達成雙贏著想嗎？還是你心中早想把對方擺脫掉？當你的初衷是純正的，就能很快建立這種連結；但是一旦你的初衷不純正，這種感覺的丟失往往只是一瞬間的事。

所以，我們自始至終要以一顆純正的初衷去尋找這個連結，去維護對方的安全感，讓對方感受到你與他的目的是一致的。如此才能喚醒對方的認知，從而使溝通順利地進行下去。

●●● 利用對比說明，防止冒犯和傷害

在生活中，我們經常會在不同的場合遇到一些關鍵對話，如果處理不當，就會產生負面的結果。

比如，當你向老闆要求加薪時，他直接給你下了辭退令；當你要求孩子不要再玩手機時，他卻用沉默來表達自己的憤怒；當你因為孩子的教育問題與另一半溝通時，兩人因意見不一致而發生爭吵。這些負面結果，都會導致對話向非理性方向發展。

這些其實還是杏仁核在起作用，還是打或逃的「傻瓜式」選擇的問題。

那麼，一個對話高手應該是什麼樣的？對話高手在拒絕「傻瓜式」選擇時會提出新的選擇。他們會面對更為棘手的問題，排除非此即彼的選擇，轉而尋找具有重要意義的對比說明。

由此可見，對比說明，是進入關鍵對話的引導思維。

在談話剛開始的階段，對比說明通過對比來消除對方心理上的不安，緩和緊張的氣氛，安撫不好的情緒，並積極尋找第三種選擇。這樣既可以解決問題，又不會傷害

或冒犯對方。

那麼我們應該如何利用對比說明來解決現實問題呢？

兒子最近有些沉迷於網路遊戲，媽媽覺得這樣下去會影響學習，想要勸阻。但是，由於爸爸經常跟兒子一起打遊戲，所以他覺得孩子玩遊戲是可以理解的，不用過於擔心。媽媽對爸爸的這種想法十分不認同，不過她也不希望因此而傷害家庭成員之間的關係。

這時孩子的媽媽可以用對比說明法來解決問題。具體怎麼做呢？

闡明自己的真實目的

媽媽可以先找出自己真實的目的，這樣就能成功避開「打或逃」的問題。

媽媽先要問自己：「我希望實現的目的是什麼？」真實的答案是：「我希望孩子爸爸以身作則，多給予配合，讓兒子少看一會兒手機、少玩一會兒遊戲。」

說明你不想看到的結果

同時媽媽要分析，如果管這件事會有哪些不好的結果；如果不管這件事，又會有哪些不好的結果。如果不管，聽之任之，孩子可能會沉迷遊戲，進而影響視力；如果直接管，可能會引起爸爸的誤會，進而出現不滿情緒。比如，如果媽媽直接上來就是一句斥責：「你能不能不要整天帶孩子玩遊戲啊！」那爸爸肯定會不爽：「好，那我不管了，以後你管吧。」這時候，爸爸大腦中的杏仁核發揮了「逃」的作用，直接讓他逃了。所以媽媽一定要控制好情緒，選擇對比說明。

對比說明的結構通常包括兩部分：

否定部分：陳述自己不是想表達讓對方覺得不信任的意思，打消對方的誤解。

肯定部分：確認你對他的尊重，確認你想要怎麼樣。

在對比法的兩段式陳述中，否定部分相對更為重要，因為它解決的是可危及安全感的誤解問題。因此，你必須首先說明不希望出現的情形以便消除誤解，讓對話的安全感恢復到正常水準，然後再說明你的真正目的。

媽媽可以這樣說：「我並不反對你和孩子一起玩遊戲，我也不是因為這件事而抱怨你。可是孩子玩太多遊戲很容易影響他的學習和視力。」

把對比說明搬出來，這樣溝通，爸爸自然就不會輕易動怒了。因為媽媽用否定的部分，即「我並不反對你和孩子一起玩遊戲，我也不是因為這件事而抱怨你」，消除了爸爸的誤會，同時也用肯定部分，即「孩子玩太多遊戲很容易影響他的學習和視力」，表達了自己的真實目的。

尋找一個兩全其美的方法

很多時候，即使我們運用了前面兩個方法，還是很難解決溝通問題。這時候，就需要我們把這兩個方法結合起來，給自己提出一個更複雜的問題，迫使自己跳出沉默或暴力的怪圈，去尋找一個兩全其美的方法。

還是以上面的故事為例。面對爸爸經常帶著兒子一起打遊戲這件事，管與不管的結果都是媽媽不想看到的，這時候就需要她找到第三條路，即找出既能夠跟爸爸坦率對話，討論孩子玩遊戲的問題，又不會破壞夫妻關係的一條路。

媽媽可以這樣對爸爸說：「我只是希望孩子能減少玩遊戲的時間，否則會影響他的視力。不如我們共同給孩子設定一個時間範圍，比如二十分鐘或三十分鐘。同時我也希望你作為爸爸能給他做個表率。」對於這個提議，相信爸爸和孩子都不會再提出異議。

還有一種情況，也許有時候你沒有任何不尊重對方的舉動，完全是無心之舉，但對方卻從你的話語中感到不受尊重，覺得你的目的是要傷害他們，或是強迫他們接受你的觀點。當對方誤解你的目的或意圖時，你應當暫停爭執，然後利用對比說明重建安全感。

比如，媽媽下班後發現兒子和爸爸正在玩遊戲，於是便隨口說了一句：「你們不要再玩了。」然後轉身去廚房做飯了。

媽媽做完飯出來之後發現，爸爸的臉色不太好。這種情況下，爸爸多半是因為媽媽的那句無心之話而感到不舒服了。

這時候媽媽可以這樣來補救：「親愛的，我剛才並沒有埋怨你們的意思，只是提醒你們注意遊戲時間，別影響你們的視力。」這樣一說，爸爸的臉色自然就緩和下來了。

無論哪種情況，聰明的媽媽都靈活運用了對比說明，進行了理智思考，巧妙地避開了「傻瓜式」選擇的問題。她先是對孩子爸爸說了自己想要的目的和自己的底線，然後找到了一個三方都能接受的方法，最終幫助大家成功完成了一次關鍵對話。

這個案例讓我感觸頗深，用吵架或生悶氣的方法來面對溝通時的矛盾是非常不可取的。在對話中，你一定要知道自己真正的目的是什麼，你要解決的問題是什麼。記住，這時候千萬不要被情緒帶走。

●●● 標注對方情感，贏得對方接納

不知道大家是否發現這樣一種情況，那就是在與人發生爭執時，有相當一部分人都無法說服對方。這是為什麼呢？有人覺得這是因為口才不好，有人覺得是因為對方不講道理，其實這些都是表面的原因，真正的原因往往是我們在與人溝通或爭執時只關心自己的目標和想法，卻忽略了對方的目標和想法，在這種情況下，溝通自然很難進行下去。

前面我們提到，尊重就是從他人的視角去看他們經歷的一切。尊重就是瞭解到他人的「存在」，知道對方此刻的狀態。當你不能關注對方的目標和想法時，對方就感受不到尊重。

想要溝通繼續進行下去，我們可以用標注情感的方法。

什麼是標注？舉個例子，女兒放學回到家就把自己關到房間裡，媽媽便敲門問女兒發生了什麼事，可是不論媽媽在外面怎麼問，女兒就是不說話，也不出來。直到媽媽說：「寶貝，你看起來不太開心啊！」女兒才從屋裡走出來，委屈地說出原因，原

來她的新彩色筆被班上的男生給弄壞了。這裡，媽媽說的「你看起來不太開心」，就是「標注」。由此可見，所謂標注對方情感，就是準確地說出對方此刻的感受。

《掌控談話》一書中提到一個反恐專家在對付恐怖分子時，用到了一種非常重要的溝通術，就是「標注」，這一種通過認知評估他人的情感來實現溝通目的的方法。當員警包圍了綁匪，綁匪感到恐懼時，反恐專家就把他認為對方擁有的情緒用語言表達出來：「我知道你此刻可能有點生氣。」、「你看到了，你已經被員警包圍了，你覺得很恐懼，對嗎？」、「我知道，你並不想進監獄。」……

當反恐專家將綁匪的這些情緒描述出來後，綁匪的狀態開始軟化，並慢慢接受了他的勸說，最終放下武器，向警方投降。

「標注」的第一步就是探知對方的情感狀態，然後再用冷靜、平淡且不帶有任何偏見的語言描述出對方的情感，對方就會感受到你的尊重。因為你沒有用「你應該這樣做」、「你最好那樣做」等言語來批評或教導他，雖然對方當時的狀態可能很糟糕，甚至正處於情緒失控狀態，如發飆、憤怒、哭泣等，但你完全接納了他此刻的狀態，沒有任何批評指責、教誨建議，對方在你面前就會漸漸放鬆。

講一個我朋友的兒子牛牛小時候發生的事。

牛牛小時候非常淘氣，有一次爸爸給他買回來一個玩具車，他非常喜歡。男孩子似乎天生就對機器類的東西很敏感，他坐上去之後，很快就知道怎麼操作了。

於是，他開始駕駛著他的小車四處跑，後來他發現開車往牆上撞很有攻擊的快感，或許這也是男孩的天性吧！於是家裡的牆壁成了他「攻擊」的對象。很快牆面就變花了。

爸爸發現這種情況後有些生氣，於是把他從車裡拎起來，「咚」地放在沙發上。結果他「哇」的一聲就哭了。

爸爸也意識到自己有點粗暴。這時奶奶想要過來安慰他，被爸爸用眼神制止了。

等牛牛哭聲減弱後，爸爸走到他前面，蹲下來溫和地對他說：「兒子，是不是爸爸剛才把你從車裡抱出來放在沙發上，你覺得有點害怕？」牛牛紅著眼，點點頭說：「對。」然後又很委屈地哭了起來，但哭聲比之前小多了。

這時爸爸繼續做工作：「爸爸不是不讓你玩，只是覺得我家的牆刷得那麼乾淨，你撞成那樣子怪可惜的，但是爸爸剛才那樣做有點粗魯，是不對的，爸爸向你道歉。」

牛牛還是很委屈，坐在沙發上小聲哭。爸爸走過去摟著他，沒再說話，就讓他在懷裡哭。

過了大概五分鐘，牛牛去跟奶奶說：「其實爸爸也挺好的。」然後很快他就恢復了正常狀態，又開始玩起了玩具車，但是再也不撞牆了。

在整個溝通過程中，爸爸沒有說教，只是標注了兒子的情感——「你覺得有點害怕」，就是這個方法幫助孩子改正了錯誤。

回過頭再看，在《掌控談話》那本書裡，作者站在綁匪角度，分析了他們的作案動機和心理狀況，標注的都是綁匪的心情。為什麼有些人會以身試法？相當一部分人是因為之前遭受過特別多痛苦的經歷，有特別大的心靈缺憾，所以才會走上這條道路。這時候如果你能夠站在對方的角度，標注出他的情感，問題就好解決了。

如何標注對方的情感？這裡我們可以運用兩個工具：

定位情感：瞭解對方最關注什麼

我認識一個員警，是個審案高手，年輕員警審不下來的案子，他去了都能輕鬆搞定。

為什麼很多年輕員警審不出來問題？因為他們沒有經驗，不會從對方的角度看問題。

年輕員警一進去，通常會先拍桌子，然後厲聲說：「老實交代，我們已經掌握了你的犯罪證據。」

「全掌握了，你還問我幹什麼？」嫌犯是個老油條。

「坦白從寬，抗拒從嚴……」

一個殺人犯，已經走到人生的絕路上了，這些話對他肯定是不起作用的。

我們再來看審案高手是怎麼做的。

審案高手一進來，不急著問問題，先坐一會兒看著嫌犯，然後問：「抽菸嗎？」說著從口袋裡拿出一支菸扔過去。

等嫌犯抽起菸了，審案高手開始跟他聊，聊什麼？這個很重要，他不會先聊案情，而是先聊共同的價值觀，聊男人的責任，聊妻兒老小……

聊著聊著，對方多半會痛哭流涕：「我說，我全說。」

為什麼他是審案高手？後來我發現了他的秘訣，他其實就是一個會標注對方情感的高手，他知道對方關注的是什麼，並能理解對方。

一接手，審案高手就會揣摩嫌犯此刻心裡在想什麼。很多嫌犯的想法是：「我對不起爸媽，對不起妻子，更對不起孩子。」這時審案高手就會以情感為切入口，定位對方此刻的情感——爸媽、妻子、孩子，都是他的情感定位。

「你看上去不像個壞人」、「聽起來你是個很顧家的人」……這些話一說出來，就會讓對方覺得：「這個人還不錯，他一直在考慮我的感受。」這時審案高手再加上一句：「我會幫你爭取減刑，因為現在判死刑也很難，說不定你在有生之年還能和家人團聚。」這就是取得信任的過程。獲得了嫌犯的信任，接下來的審問就會容易很多。

標注的常用句式：「看上去」、「聽起來」、「似乎……」

使用標注這種高級溝通術時，我們可以用陳述句，也可以用疑問句。不論用什麼樣的句子，標注的開頭都應該是這樣的：「看上去……」、「聽起來……」、「似乎……」。

這些句式前面最好不要加上「我」，因為當你用第一人稱開頭時，對方會覺得你更關注的是你自己，而不是他。如果對方不同意你的標注，可以退一步，告訴他們：「並不是說實際情況就是這樣，你說的是看起來情況似乎是這樣。」

最後一點也很重要，當你把對方的情感標注出來之後，接下來要做的就是傾聽。

在影視劇裡我們經常會看到，一旦嫌犯的心理防線被突破，就會把案情完全供述出來。這時候如果員警想要更清楚地瞭解一些細節，就要克制，不要輕易打斷他們。也就是說，這時候你要做的是傾聽，這樣才能獲得更多想要的信息。

我們每個人都是一個獨立的個體，所處的立場、所適應的環境和所追求的利益都有所不同，因此我們總是希望能夠按照自己的想法去成長、去生活、去工作，這也是人與人之間最大的區別。但如果每個人都要求他人按照自己的想法行事，顯然就會破壞人與人之間的良性關係。

所以，要想擁有高效的溝通，就必須懂得尊重自己的溝通對象，從對方的視角去看待他們所經歷的一切，學會標注對方的情感。只有做到這一點，我們才能獲得周圍人越來越多的支援和喜歡。

合理使用道歉和「拔刺」

溝通是通過語言交流，來表達自己的意願和請求的一個過程。在這個過程中，每個人的表達方式都是不盡相同的，有的人表達得很委婉，自然很容易讓對方接受，而有的人卻從不顧及對方的感受，結果就會讓對方很受傷。

一旦對方感覺受到了傷害，或是內心不舒服，溝通就很難再繼續下去。比如親子間的溝通，媽媽如果經常這樣說：「下次語文一定要考到九十分以上，否則你就別吃零食了。」這樣的溝通很容易讓孩子產生逆反心理。也就是說，當整個溝通氛圍變得不安全時，親子間的矛盾自然就會暴露出來。

那麼，怎樣應對這個問題呢？除了上面提到的一些方法，我們還應該合理使用道歉和「拔刺」。當然，什麼時候使用道歉，什麼時候使用「拔刺」，是有一定之規的。

道歉：當對方被激怒的時候

當你發現對方被激怒了，這時候如果你也大喊大叫，那無異於火上澆油，不僅無法繼續溝通，很可能還會造成更大的負面影響。

高情商的人遇到這種情況會怎麼做呢？他會馬上道歉。道歉不是丟面子，更不是軟弱的表現，而是一門藝術，是一種智慧。正如塞涅卡所說：「道歉既不傷害道歉者，也不傷害接受道歉的人。」

當年，華盛頓和政治家佩恩兩個人因為意見不合打了起來。在別人看來，大名鼎鼎的華盛頓居然被打了，肯定會報復的。但出人意料的是，華盛頓不僅沒有這樣做，反而向佩恩真誠道歉，請求佩恩的原諒。佩恩感慨於華盛頓的寬廣胸懷，兩個人和好如初，後來還成了非常要好的政治夥伴。

本該是一場「決鬥」，卻因為華盛頓的道歉，化干戈為玉帛。這就是道歉的強大魅力和力量所在。一個真誠的道歉會讓對方更願意接近你、喜歡你，因為對方會從你的角度來理解你、原諒你。要知道，一句「真的很抱歉，我不是故意這樣做」，遠比「你自己願意生氣，我有什麼辦法」更讓人舒服。

有的人可能會覺得，跟別人道歉沒問題啊，我可以去道歉，但為什麼每次都是我主動道歉呢？經常有人問我：「樊老師，你為什麼總要我做好人？為什麼不叫他們做好人？憑什麼都是我做好人？」

《論語．述而》裡說：「求仁而得仁，又何怨。」意思是說，如果你的人生目標就是做個好人，那你為什麼還要抱怨呢？我相信，絕大多數人內心真實的聲音都是想要成為一個好人，這是所有人努力的方向。而且，世界上的暴力、危機、恐懼，都是一點一點累積起來的，如果我們在生活中都能做到少一些爭吵，多一些道歉，那麼就等於為和諧社會做了貢獻。當你明白了這個道理，自然就不會經常抱怨了。

所以在溝通時遇到狀況，對方的怒火已經被點燃的時候，最好的補救措施就是道歉。

舉一個我自己的例子。有一次我妻子送兒子上學，結果因為堵車，上學遲到了。晚上放學回來後，兒子跟我說他因為遲到被老師罰站了。他很委屈，說著說著眼淚就下來了。

這時我妻子過來了，想要安撫兒子。

我隨口便說了一句：「你為什麼不早點送孩子去上學？」

「我們出門挺早的，可今天堵車堵得厲害……」妻子顯然有些委屈。

「你明知道北京堵車嚴重，就應該提前出門……」我說話的聲調明顯高了一些。

「已經很提前了，可誰想到今天堵得這麼厲害。何況，我早晨還有那麼多的事要做……」妻子把早晨做的所有事都列了出來，顯然她的內心已經生氣了。

我馬上意識到再這樣下去肯定會出問題，必須有一個人讓步。於是我把語氣緩了下來：「對不起，我剛剛說的話有點過分，我道歉。」

看到妻子臉色緩和下來了，我馬上跟進：「我剛剛說的話不是這個意思，我希望你能夠原諒。」

「沒關係的，我的語氣也不好！」妻子馬上陰轉晴了。

就這樣，本來要爆發的「戰爭」，很快就平息了。

在溝通中遇到矛盾，坦然地做出讓步，不僅不會顯得我們沒底氣，反而會顯得我們很大度。更重要的是，溝通也會因此順利地進行下去，正所謂，退一步海闊天空。

最後我強調一點，很多人習慣在道歉之後再加上一句「但是……」，這是親子關係中很多父母最常犯的錯誤。比如，「兒子，爸爸為剛才的態度向你道歉……」孩子聽了這句話，已經基本忘記了剛才的委屈和不開心，可這時候，你為了強調一下，接著補了一句：「但是你也不應該不講道理……」結果，孩子的開心表情一下子就沒了，剛才你的道歉也前功盡棄。

「拔刺」：當談話還沒正式開始的時候

什麼是「拔刺」？所謂「刺」，是指對方對你可能不滿的地方；「拔」是自己先把這些問題擺出來，拔掉對方心裡的刺。

「拔刺」和道歉看上去有些相像，但是兩者的用法截然不同。道歉是用在對方已經生氣的時候，而「拔刺」要用在還沒有開始溝通的時候，你就要先把對方對你可能不滿的地方擺出來。

比如，談話前你可以這樣說：「今天我跟你談這個事，可能會讓你很不高興。」等於先給對方打了「預防針」，這樣他就會對要談的事情有一個心理預期，作好心理準備。如果事先你沒有這樣說，直接把讓對方不高興的事情說了出來，那麼很可能會讓對方產生防禦心理，這樣溝通就很難進行下去了。

再比如，你請朋友到家裡吃飯，你的目的是想展示一下自己的廚藝。但是這時候，切忌不能在下廚之前就開始吹牛：「我做菜特別好吃，尤其做川菜更是一絕，道道都是拿手菜。」退一步來說，即使你的廚藝真的非常厲害，做的菜真的非常好吃，但是因為已經提前跟朋友們透露了這一點，他們已經有了心理預期，所以當他們吃到菜的時候也不會感到特別驚喜。萬一發揮失常，那就比較尷尬了。所以，你可以這樣做，在菜快起鍋之前對朋友說：「抱歉，今天的手藝沒發揮好，菜做的可能不太合你們的口味。」這時朋友們的心理預期就會變低，但是當他們吃了菜之後，就會發現味道其實非常不錯，自然會對你讚不絕口。

這就是「拔刺」。這種方法在談判溝通中會帶來意想不到的效果。看看我們周圍，很多人在溝通時總是喜歡把自己的問題刻意隱藏起來，不想讓他人知道。但是「世上沒有不透風的牆」，刻意隱藏的問題終會浮出來。如果我們的問題被別人指了出來，那會特別尷尬。

所以一定要記住，在溝通的時候，先要仔細想想這些問題：你讓對方最不滿意的地方是什麼，對方覺得你最差的是什麼，對方覺得最委屈的是什麼……找出這些問題，在溝通之前先把這些問題擺出來，接下來溝通就會變得容易很多。

《掌控談話》一書的作者之一克里斯．沃斯曾服務於一家大企業，同時帶著一個小企業和甲方合作。但是，由於甲方突然發生了變動，這家小企業也因此遭受了一些損失。這時候，沃斯是怎樣去和這家小企業的老闆解釋的呢？

沃斯沒有回避問題，而是直接攤牌：「這個項目我們可能沒法做了，而且會給你們造成很多的損失。」小企業的老闆當時就傻住了。

沃斯接著說：「我知道一切都是我的問題，是我把你們拉到這個項目中來的，是我邀請你們來參加的……所以我覺得特別不好意思。如果你需要賠償，如果你需要喊停，如果你需要怎麼樣，我都可以。我破產也會幫助你。」

當沃斯把這個態度擺出來時，對方覺得損失一定非常慘重。沃斯接著把結果說出來：「現在可能沒有過去那麼豐厚的利潤，只有這麼多了。你可能不接受，因為這對於你們來講真是太不公平了，我實在是不好意思。」

對方發現結果並沒有想像中那樣慘，還可以接受，便欣然接受。就這樣，本來可能會爆發的問題，沃斯通過「拔刺」便處理好了。

追本溯源，我們發現通過「拔刺」來溝通，不是在談信息，而是在談感情。也就是說，要為溝通營造一個良好的氛圍，這樣溝通才能順利進行下去。

氣氛不對時先關注情緒再關注內容

溝通環境是否恰當、是否安全，很大程度上決定了溝通的效果。這也是中國人喜歡在酒桌上談事情的主要原因。人往往在喝了酒之後，整個狀態都會放鬆下來，彼此之間也更願意坦誠相待，更願意進行良性的溝通。

為什麼很多溝通還沒開始就失敗了？就是因為沒有關注環境，沒有關注氛圍。比如，你下班回到家裡和妻子大談工作，最後多是以妻子的敷衍來收場；如果妻子當天心情不好，整個溝通過程還有可能變得非常沉悶。

所以，當你發現對方情緒不對或者氣氛出現不利於對話的變化時，就應該馬上停止內容方面的溝通，轉而修復談話氛圍，這樣才能營造一個安全的溝通環境。

學會做一個雙核的對話人

什麼是雙核對話人？生活中，很多人應該都用過雙核手機，一般來說，我們會用其中一個核處理遊戲、娛樂，用另一個核處理電話、簡訊等。同樣，我們的大腦中也有兩個核：一個核負責管理氛圍、情緒，另一個核負責管理信息、內容。

那麼，大腦中的這兩個核哪一個更優先呢？答案是，處理氛圍的核要優先得多。因為在溝通過程中，如果我們不先把情緒和氛圍處理好，不能照顧他人的情緒，也不關注他人的需求，那麼溝通肯定很難成功。

《關鍵對話》一書指出：「其實人們不會因為你表達的內容感到氣憤，他們表現出牴觸情緒是因為在對話中失去了安全感。因此，問題的關鍵並不在於對話內容本身，而在於對話的方式和氣氛。實際上，我們很多人都不具備『雙路處理』能力（即同時關注對話內容和對話氣氛兩方面），當對話風險很高、雙方情緒激動的時候更是如此。我們往往深陷於對話內容無法自拔，幾乎不可能騰出精力去觀察自己和對方會有哪些細微的變化。」

由此可見，當發現談話的氛圍不太對，對方情緒上有點緊張的時候，你應該先把負責談話內容的那個核關掉，然後用負責談話情緒和氛圍的那個核來恢復氣氛。當整個談話環境恢復如初以後再開啟談話的內容。這才是進行有效溝通的方法。

一個情商低的人和一個情商高的人區別在哪裡？

情商低的人在溝通時往往不會關注對方的情緒，也不會顧及溝通氛圍，而只會按照自己的想法去談，怎麼痛快怎麼來；而情商高的人在溝通前一定會先處理情緒和氛圍，因為他懂得換位思考，懂得延遲滿足，也善於營造氛圍。

在生活和工作中，所有真實的談話都難免會出現很多反彈，遇到很多的矛盾，這時候我們一定要做個高情商的人，學會營造安全的溝通環境。

在電影《海闊天空》中，有這樣一個精采片段：佟大為、黃曉明、鄧超三個人扮演的角色到美國談判，最終獲得了成功，其中一個調整氛圍的暫停起到了很關鍵的作用。

剛開始，談判的上半場很艱難，美國人直指他們是「竊賊」，要向他們索要巨額賠償。這時黃曉明有些著急了，開始與對方爭吵。這樣下去，談判自然不會有好結果，雙方很可能會因此開始走司法程序，這樣對中方是十分不利的。

這時候，佟大為及時提出：「我們先不談了，先休會。」當氛圍不好的時候，佟大為首先關閉了談話內容那個核。這時候，黃曉明也意識到了問題所在，隨即向對方道歉。同時拿出法典，繼續溝通，並轉用另外一種策略，最終獲得了談判的成功。

通過心律共鳴營造氣場

什麼是心律共鳴？心理學家研究發現，一個嬰兒很容易就能感知到旁邊人的精神狀態。當你抱著他的時候，你的心跳會直接影響嬰兒的情緒。如果這時候你是安靜的、平和的，那麼嬰兒也會特別安靜；但如果你是焦躁不安的，或者一直在說：「別哭了！別哭了！別哭了！」那麼你的這種情緒會很快傳染給他，他反而會哭得越來越厲害。

這就是心律共鳴。

關於這件事，我的感受很深。我兒子小時候，有時候會哭得特別厲害，奶奶、媽媽輪番上陣，可是任誰抱誰哄都不管用，但是只要我一抱他就不哭了。

為什麼會這樣？因為我和我妻子工作都很忙，平時都是奶奶帶孩子。奶奶抱著他的時候，他越哭奶奶就越急，奶奶越急他就越哭。奶奶每天帶孩子，本來就很累，所以這時候奶奶是焦躁的，而孩子感受到了奶奶的焦躁，自然也開始變得焦躁。

那麼，為什麼媽媽抱也哄不好他呢？這也是很多媽媽在帶孩子時面對的問題。這主要是因為，媽媽在生孩子這段時間原本就非常辛苦，心裡已經很煩躁了，這時孩子再哭鬧不停，媽媽的情緒自然會受到負面影響，結果就常常會出現媽媽抱著孩子一起哭的情況。這時候，必須找一個心態平和的人來抱孩子，爸爸當然是最好的人選。

我們家就是這樣，每次奶奶、媽媽收拾不了局面的時候，我就會主動接手。因為我平時工作忙，難得抱一回孩子，即使兒子在我懷裡哭，我也是開心的，因為這讓我感受到了當爸爸的感覺。所以，儘管他在哭鬧，我的心態也是平和的、幸福的。而在我的影響下，兒子很快就會安靜下來。

對嬰兒來說，這是心律共鳴在起作用，而對成人來說，這就是氣場在起作用。也就是說，你的氣場會在很大程度上影響到他人的氣場。

什麼是氣場？氣場就是你今天的狀態。什麼是狀態？狀態就是你體內所分泌的神經遞質：一個叫作睪丸素，另一個叫作皮質醇。

人在壓力狀態下需要皮質醇來維持正常的生理機能，睪丸素則是一種狀態激素，能夠提升體能。睪丸素和皮質醇的含量配合起來，決定了你今天的狀態。

當一個人的睪丸素含量升高，皮質醇含量降低時，表現出來的是自信、從容，特別有感召力，這就是領導力的特徵。當一個人的皮質醇含量升高，睪丸素含量降低時，表現出來的就是萎靡不振、焦慮、難受。當一個人的皮質醇和睪丸素含量同時升高時，就會表現出特別有進取心，特別想做事，但會極其焦慮，也就是說，他正是用焦慮的狀態來表達自己的進取心。而當一個人的皮質醇和睪丸素含量都降低時，他就會表現得非常淡然，一切都無所謂。

這是雙激素原理，也就是說，你的狀態不是單個激素起作用，而是兩個激素相互配合的結果。

調整氣場的幾個高能量姿勢

在生活中，通過觀察我們會發現這樣一種情況：很多人晚上下班後會在公車或地鐵上與其他人發生爭吵，但是在早晨上班的路上這種情況卻相對較少。這是為什麼呢？

因為清晨的時候，人體內分泌的血清素比較多，皮質醇比較少，整個人是比較清爽的，所以大多能夠很開心地去上班。可是到了晚上下班的時候，體內的血清素已經快消耗殆盡，皮質醇卻全出來了，再加上白天有可能被老闆罵了，或者被同事針對了，所以晚上到了地鐵裡，人的火氣往往比較大，自然更容易與人吵架。

因此，我們要從生理的層面、原理的層面，來想辦法調整自己的氣場。這裡我介紹幾個調整氣場的高能量姿勢。

1. 學學神力女超人

很多人都看過電影《神力女超人》，影片裡神力女超人有一個招牌姿勢，動作非常簡單：雙腿分開，站在原地，雙手扠腰，兩個胳膊肘向外，抬起頭目視前方，保持兩分鐘。這就是一個高能量的姿勢。

如果你要去做一件非常重要的事情，比如參加面試，或者見相親對象，那麼在去之前可以先找個安靜的地方，保持這個動作兩分鐘。這時候你體內的睪丸素水準就會快速上升，同時皮質醇水準會快速下降，你的自信就來了。

2. 練練瑜伽

瑜伽改變的不僅是你的身體姿態，還有你的心理狀態。當你的體型和姿態發生改變以後，是很難再恢復的，這時候你整個體內的能量狀況就變得不一樣了。你可以通過練習瑜伽來恢復身體姿態，從而改善心理狀態。

3. 其他高能量姿勢

生活中還有一些高能量姿勢，比如用雙手抱住後腦，把兩腳放到桌子上；比如站立時，雙手放在桌上，身體前傾。這些狀態代表著你是自信的，你是有能量的。

總的來說，無論是情緒，還是氣場，都與你想要的溝通效果密切相關。正如男女間談戀愛一樣，因為整個情緒和氣場都是甜蜜的、高能量的，所以彼此說什麼對方都會聽得進去。當與別人進行溝通時，你可以想一想，你談戀愛時是什麼感覺，這有助於你營造一個良好的溝通環境。

Chapter 6

用長頸鹿式溝通破解溝通困境

長頸鹿有三個特點：高、反應慢、心臟大，這三個特點可以巧妙地運用到我們的溝通當中。心大，遇事不計較；反應慢，從不覺得什麼事都會對自己有傷害；再加上牠站得高，看得遠，不會對眼前的小事斤斤計較。

長頸鹿式溝通的優勢

前面我們多次提到，尊重是溝通目的的共性之一，而要想學會尊重的表達方式，一定不要忘記溝通的目的。任何盲目的、無目的的溝通，都是毫無意義的。

我在上大學的時候，班上有一個特別固執的同學。在談論某件事時，只要他認為是正確的，不管別人怎麼說，他都會與人爭論不休，甚至不給對方好臉色。長期下來，再沒有人願意跟他一起討論問題或溝通某些事。同學們雖然平時跟他也會有交集，但很少有人能和他真正交心。

現實生活中這樣的人有很多，甚至有時候我們自己也會無意識地暴露出這種狀態。幸運的是，有的人意識到了這個問題，有則改之，無則加勉；但有的人卻渾然不覺，直到形單影孤，身邊再無一個朋友。

為什麼會出現這樣的情況？我們說，人與人之間進行溝通是為了解決問題，也就是說溝通一定是有目的性的。任何順暢的溝通都應該基於目的之上，不能偏離這個軌道。而與人溝通不順暢者多半是忘記了溝通的目的是什麼。如果忘記了目的，我們就會成為情緒的奴隸，情緒會左右我們的杏仁核，杏仁核一旦「發作」，再說什麼都是徒勞。

所以，與人溝通時，我們一定要記住溝通的目的。在這裡我給大家介紹一個非常實用的溝通方式——長頸鹿式溝通，它可以在很大程度上讓我們在溝通時不會偏離軌道，不會忘記初衷。

長頸鹿式溝通來自我對長頸鹿的觀察，我經常帶兒子去動物園看動物，在這個過程中，我觀察到長頸鹿有三個特點：高、反應慢、心臟大，這三個特點可以巧妙地運用到我們的溝通當中。

長頸鹿的第一個特點：高

高的好處是什麼？站得高，可以看得遠。擅長長頸鹿式溝通的人不會因為一點小事而糾結，與人沒完沒了，他們會看到更長遠的問題；他們知道自己的溝通目的是什麼，不會被情緒帶著走。這正如我們培養自己的孩子，絕不能因為他今天犯了一個錯誤，就否定了他的將來，這是不客觀的，也是不公平的，我們一定要看長遠。

為什麼蛇特別容易攻擊別人？因為蛇是貼在地面上的，這使得牠的視線較低，看不到遠方，所以身邊有任何的風吹草動，牠都覺得是危險。你可能是無意識地站在了牠的旁邊，根本就不想傷害牠，或是根本沒留意到牠的存在，但是從牠的視角看，你是一個龐然大物，你要傷害牠，所以牠會毫不猶豫地咬你一口。

舉一個夫妻間溝通的例子。或許有人會問：你為什麼總用夫妻關係來舉例？我想說，因為夫妻間接觸最多，矛盾自然也最多。

晚上，妻子在家裡做了一桌好菜，等丈夫下班回來吃飯。結果，丈夫因為加班到很晚才回來。一進門，妻子便開始用蛇的方式與丈夫進行溝通。

「你怎麼回來這麼晚？我還以為你不回來了呢？」妻子怨氣明顯。丈夫本來工作一天就很累了，回到家妻子不僅沒有安慰，反倒埋怨自己，心裡肯定不痛快：「我不是加班嗎，誰願意天天這麼晚回來啊！」語氣明顯有些生硬。

「那你不知道打個電話啊？你心裡有沒有我啊？」妻子一聽丈夫的語氣，心裡更不舒服了，開始上綱上線。

「我心裡要是沒有你，我能天天加班啊？我整天拚死拚活的為什麼啊？」丈夫開始發飆了。

「說得倒好聽。我在家忙活半天辛辛苦苦給你做了這麼多好吃的，你回來得晚還不打電話告訴我，還有理跟我大呼小叫？」妻子越說越氣。

丈夫一怒之下，把臥室門一關，直接睡覺去了，留下了獨自生氣的妻子坐在那傷心難過。

原本應該是一個溫馨的晚餐小聚，就這樣被毀掉了。

毫不誇張地說，這樣的案例幾乎在每個家庭都發生過，而且很多是正在進行時。其實，我們靜下心來想一想，妻子辛苦買菜、做飯，等待丈夫回來一起吃飯，是為家庭溫馨和睦；而丈夫經常加班，也是為了能給家人更好的生活。兩人都是為了這個家能更好，那麼，為什麼會出現溝通困境呢？因為一方先用了蛇的溝通方式質問，而另一方也用了蛇的溝通方式回應，結果自然會彼此心生芥蒂。妻子忽視了丈夫辛苦工作的勞累，只是一味地責怪丈夫沒有按時回家；而丈夫也忽略了妻子為自己辛苦準備晚飯，只是認為對方不可理喻。如果兩人都能夠按照長頸鹿的方式來溝通，那麼可能會變得完全不一樣。

丈夫很晚才到家，儘管此時妻子心裡有怨氣，但是她選擇了先克制，然後問清楚：

「親愛的，你最近總是回來很晚，是不是工作太多了？」

「是的，最近手上工作比較多。」丈夫儘管很累，但是妻子能體諒自己的辛苦，心裡還是很開心的。

「辛苦了親愛的。原本我準備了好幾個你愛吃的菜，準備跟你來個燭光晚餐呢。」妻子講清事實。

「真的很抱歉，我也想早點回家，確實是工作太多了。」丈夫非常過意不去，主動上前深情擁抱了一下妻子。

「親愛的，別太累了，我很心疼你。這樣吧，我給你放些熱水，你先去洗個澡，我去把飯菜熱一熱，我們一起吃。」妻子的語氣變得更溫柔了。

本來丈夫在辦公室加班的時候已經泡了泡麵，見妻子如此體貼，自己也是非常感動，於是乖乖去洗澡了。

儘管這頓晚飯吃得很晚，卻是一次非常愉快的家庭小聚。

如果夫妻之間都能採用長頸鹿式溝通，爭吵就會越來越少，夫妻關係就會越來越和睦，家庭也會越來越幸福。

長頸鹿的第二個特點：反應慢

長頸鹿的反應有多慢？據說長頸鹿走過一個水坑，要過半個月才感覺到自己的腳濕了。當然，這種說法有些誇張，卻形象表現出長頸鹿的反應總是慢半拍。

反應慢，用一個專有名詞來解釋就是——鈍感力，具備鈍感力的人，大多會從容面對生活中的挫折和傷痛，也會堅定朝著自己的方向前進。正如渡邊淳一所說：「鈍感就是一種才能，一種能讓人們的才華開花結果、發揚光大的力量。」

鈍感力與敏感力是相對的。前面我們說了，蛇之所以容易傷人，就是因為敏感力超強，所以蛇的溝通方式特別容易傷人。生活中那些「玻璃心」的人大多非常敏感，遇事總是斤斤計較，特別在意他人的評價，這樣的人特別容易被情緒左右，從而讓溝通陷入僵局。

長頸鹿的第三個特點：心臟大

長頸鹿長得高，所以需要一顆大心臟，這樣才能把血液輸送上去。心臟大，心就比較大，凡事大而化之的，不放在心上。有的人認為心大的人比較傻，但我卻覺得心大是一種生活的智慧。因為很多時候，過於計較得失與成敗並不能改變當下，還不如想開一點，看遠一點，學會淡然與放下。

為什麼長頸鹿是很溫和的動物，從來不傷人？這與牠的這三個特點有很大的關係：心大，遇事不計較；反應慢，從不覺得什麼事會對自己有傷害；再加上牠站得高，看得遠，不會對眼前的小事斤斤計較。

那麼，具體來說，什麼是長頸鹿式溝通呢？對此，我總結了以下幾點：觀察、感受、需求和請求。掌握了這幾個方式，我們在與人溝通的過程中就不會偏離主題，也不會忘記最初的目的。

●●● 觀察：只講事實，不加入評判

長頸鹿式溝通的第一個方法就是觀察，把你看到和聽到的東西準確地描述出來。也就是說，當我們聽到什麼或者看到什麼的時候，我們應該先講事實，而不是先表達觀點。

很多人在溝通時一開始就陷入困境，是因為他們的表達不是描述事實，而是帶有評判色彩。比如，孩子犯了一個小錯誤，媽媽馬上就指責：「你總是這麼不小心！」、「你總是這麼笨！」，再比如，丈夫下班回來晚了，妻子一上來就抱怨：「你怎麼從來不能準時回家？」、「你怎麼從來都不關心我？」等等。

在溝通還沒開始之前，就直接加入評判色彩，對方心裡必定不會舒服。沒有人喜歡被別人貼標籤，因為貼標籤是不尊重人的一種表現。當你給孩子貼上「你總是這麼笨」、「你總是不小心」的標籤時，就很容易把孩子催眠成一個真正的「笨孩子」，同時也容易激起孩子的逆反心理。同樣，當你給伴侶貼上「你真不可理喻」的標籤時，往往就是把對方放在了自己的對立面，一些本不該發生的矛盾，就會因此而發生。

所以在溝通前，我們不要評判，不要貼標籤，而是要把我們看到的和聽到的事實講出來。比如，丈夫每天很晚才回家，那麼妻子的第一句話不應該是「你還知道回來」或「你怎麼不死在外面」，而應該是「最近你回來得都很晚」、「你回來時身上都帶著酒氣」，這些都是她觀察到的事實。在說這些事實的時候，不要加入任何評判性的話語。

這是長頸鹿式溝通很重要的一步。

舉一對父子的例子。有一年寒假，兒子每天上午都賴床。爸爸當時也沒有太在意，心想反正放假了，讓兒子多休息休息也沒關係。後來爸爸發現兒子白天睡得越多，晚上就越不想早睡，這時候爸爸意識到必須要糾正兒子了。

一天上午，爸爸回到家發現兒子還沒有起床，心裡有些生氣，就隨口說了一句：「快起床了，懶傢伙！」沒想到，一句話引起了兒子的強烈反應：「我不是懶傢伙，你才是懶傢伙。」看到兒子情緒上來了，爸爸意識到這樣下去兒子肯定會很委屈。於是爸爸沒有再繼續和兒子爭論。就這樣一天過去了，兒子也沒怎麼和爸爸交流。

第二天，兒子還是繼續賴床，一直到上午十點還沒有起床。有了昨天的教訓，爸爸決定換一種說法。他語氣極為溫和地說：「兒子，我看到了一個早上十點還不想起床的小傢伙。」這次他沒有再給兒子貼任何諸如懶惰的標籤。

沒想到，小傢伙一個翻身就從床上跳起來：「爸爸，其實我早醒了，正要起床呢！」他給了自己一個完美的理由。「我知道，那現在我們準備去吃點東西吧！」爸爸順著兒子的語氣說。

很快，兒子就穿好衣服，洗漱完畢，和爸爸媽媽一起來吃飯了。這樣的一天，兒子的心情也是愉快的。

著名哲學家克里希那穆提說：「不帶評論的觀察是人類智力的最高形式。」只有當你不帶評判地去觀察，才會發現事情的真相。

比如，你和朋友商量好一起去逛街，結果到了要出門的時候，對方卻說不想去逛街了，想去看電影。這時你可能心裡有怨氣，但你要平靜一下，然後再來描述事實：「今天我們約好是去逛街的。」在描述這個事實的過程中，你的情緒沒有給對方下結論，對方聽到這句話心裡會有所愧疚，接下來你再與他進行溝通就會順利很多。這就是不帶評判的觀察。

那麼，如果你下了結論會怎麼樣呢？比如你說：「你這個人怎麼這麼不守信用？」當「不守信用」的話一出來，就一定有了評判；有了評判，對方就會馬上變得不舒服，接下來的溝通自然會不順暢。

另外，在溝通過程中，你的遣詞造句也要注意，有一些詞是不能用的。比如「你從來都不……」、「你一直……」、「你總是……」、「你又……」這些詞只要一出現，馬上就會變成評判，對方就會認為你這樣是在針對他，他自然會提出反駁，從而導致溝通受阻。

所以在不帶評判地觀察這件事情上，我們需要下很大的功夫。

有一次，我代表IBM給海爾上了一堂有關領導力的課。當時，我覺得自己講得還不錯，下面的學員回饋也很好。跟我一起去的一位IBM的主管一直在後面觀察我，他覺得我有些地方做得不太對，但沒有直接指出來，而是在課後找機會跟我進行了溝通。

原來，我在課上講得太多，卻很少讓學員回答問題，缺少與學員的互動。這種講課方式不屬於facilitation（建導，引導他人主動參與的互動過程），而是用training（培訓）的傳統方式上課。這種講課方式的基本原則就是，我在上面說，你在下面聽就可以了。這顯然不是IBM培訓的初衷。

這個主管非常聰明，他發現了問題，但沒有直接對我說。如果他當時直接對我說：「我覺得你今天講得有點多。」我心裡肯定會不舒服，因為這話裡面加入了評判。

課後，這個主管給我打了電話：「樊老師，關於今天的課，我想給你做一個回饋！」我說：「好啊，沒問題。」於是他便把認為有問題的部分直接按我的原話向我陳述出來，他的這種方法就是講事實，即不帶評判的觀察。

接下來他說：「我觀察到學員在做遊戲的時候，並沒有體會到你想要傳達給他們的內容。這可能會影響到他們對既有知識點的接收。這是一個短期的、局部的影響。我們擔心這門課程在中國的傳播會變味，而且不利於你成為一名優秀的建導師，也不利於我成為一名優秀的引導師。」

他的話自始至終都是站在我的角度來考慮問題，他是為我著想。我當時的第一反應是這個人真的很高明，於是我立刻說：「您說得對。有道理，我改。」這個主管接著說：「不，樊老師，你有什麼想法可以說出來，也有可能你的方法更好，因為學員很喜歡。」最後他還鼓勵我多說，我說：「我覺得我沒有學好，我很抱歉。」

整個過程沒有反彈，而且後來我們成了好朋友。

由此可見，溝通時，開場前我們一定要學會不帶評判地觀察。當你把這個觀察講完了以後，要用「我看到……」、「我聽到……」等句式把整個事情描述出來，而不是用「你很自私」、「你很懶」這些語句去評判對方，這樣才能把溝通的序幕順利拉開。

感受：說出真實感受，挖掘真實需要

溝通中有矛盾、有分歧在所難免，畢竟讓彼此感同身受是不太現實的。雖然感同身受有些難，但是溝通雙方達成理解和包容卻是可行的。

我們前面說了，溝通前要不帶評判地去觀察，應該講事實，接下來又該做什麼呢？那就是要直接、清楚地講出自己的真實感受。比如「我覺得很難過」、「我感到很失落」、「我很擔心」等等，這些都是你的切身感受和體會。相比批評和指責，很好地表達自己的感受，更容易讓人接受。

但遺憾的是，我們常常在表達感受時夾雜了太多的個人情緒。當你在擔心、焦慮、無助、委屈或失望的真實感受下，本能地加進一些不良的情緒（如怨恨、暴怒等），這時候體現出來的就不是你的真實感受了，而溝通就有可能因為你這些不實的表達陷入困境。

比如，你發現孩子最近學習態度有些不端正，此時你的真實感受是擔心他的學業。

但是你在表達這種擔心的時候，卻把憤怒的情緒加了進來，也就是說你沒有描述事實，而是加入了評判：「你怎麼又這樣，都說過你多少次了！」這時候孩子會怎樣？或許，他原本也想改正，可是卻找不到方法，或者因為忘記了而沒能及時改正。聽到你這樣說，他的委屈就很可能轉化成憤怒，輕則他會把自己關在房間裡拒絕與你溝通，重則你們之間會爆發一場爭吵。不論發生哪種情況，親子溝通都會很難再順暢進行。

聰明的家長應該怎麼做？你可以先平靜地告訴孩子你看到的事實，然後再委婉地表達出你對他的擔心，並適時提出你的需求，就是希望他能改變。此時孩子多半會嘗試理解你對他的擔心。彼此敞開心扉，溝通就順暢了。

由此可見，在溝通過程中，表達出真實的感受很重要。那麼，哪些是真實的感受，哪些又是不真實的感受呢？這就需要我們進行仔細地分辨了。

學會分辨感受是一種很重要的技能。

生活中常有很多人覺得自己表達了感受，但事實上他表達的並不是感受。比如，我們經常會說：「我覺得你讓我很生氣。」在這句話當中，你所表達出來的不是發生的事情讓你很生氣，而是對方這個人讓你很生氣，這就不是真實的感受。真實的感受是，當時發生的事情讓你心裡不舒服。比如，表達辛苦的時候我們經常會說：「我覺得我最近很辛苦。」這樣的表述也不是你的真實感受，而只是你的個人想法。你覺得很辛苦，應該是你最近工作很忙。再比如，失戀時我們常會說：「我感覺自己被拋棄了。」如果真的失戀了，真實的感受應該是傷心、難過，所以「被拋棄」不是一種感受，只是你自己想像的一個狀態，等於你自己在這種感受中加了戲。一旦加戲，就背離了長頸鹿式溝通，即你沒有用尊重的方式與對方談話，你這時只想指責。

以上提到的這些我們經常會有的感受，其實都是不太客觀的想法，或者是加戲想像的情景，這些感受都不是真實的。真實的感受應該是「我自己感受到了一種感覺」，而不是被別人怎麼樣。

為什麼在溝通中表達出自己的真實感受非常重要呢？因為你的感受的背後一定潛藏著你的需求。不把感受表達出來，你的需求就不會被挖掘出來。

夫妻之間為什麼總會發生爭吵？因為我們所表達出來的通常都不是我們真實的感受，而是通過帶有評判的觀察之後臆測出來的對方的行為，這時候的溝通自然已經完全變了味，吵架也就在所難免了。

我們看一段對話：

妻子：「你每天都要這麼晚回家嗎？」

丈夫：「我的工作性質就是這樣的，難道我還有別的選擇嗎？」

妻子：「那究竟是我重要，還是工作重要？你是不是對我、對這個家不再關心了？」

丈夫：「無理取鬧！你看看周圍有幾個人不加班的？難道他們都不關心自己的家庭嗎？」

妻子：「你真是一點都不可靠。」

在這段話中，妻子原本是想讓丈夫能早點下班，多陪陪自己，不要把所有的時間都放在工作上，可是她卻沒有真實表達出自己的感受，而是帶著評判去觀察，結果不僅沒能達到目的，反而讓溝通不歡而散。由此可見，如果你想提出需求，就一定要表達出你的真實感受。如果對方不瞭解你的感受，自然也不知道你究竟想要什麼。

因此，我們在溝通前要先觀察，不加入評判，只描述事實——你最近回家有些晚；然後表達出自己的真實感受——我感到很無聊；接下去表達自己的需求——我希望你多陪陪我。這樣對方更容易接受你的建議，然後你再提出一個可執行的請求——每週早回來兩次，那麼接下來的溝通就會變得很順暢，而且會很有成效。

行動：提出具體可執行的請求

當我們不帶評判地去觀察時就會發現，在那些看似不怎麼友好的語言和行為之下，最深層次的需要，往往都是人類共通的需求，如歸屬感、快樂、理解、信任、尊重、愛……前面我們已經詳細探討過需求這個問題，在這裡不再贅述。總之，當這些人類共通的需求沒有得到滿足時，就會出現各種各樣的矛盾。反之，如果這些需求得到了滿足，那麼矛盾自然就會變少了。

當挖掘到對方的需求之後，我們還需要做什麼呢？這時你還可以提一個可執行的請求。為什麼是可執行的請求？因為請求有可執行的，也有不可執行的。

比如，妻子對丈夫說：「你要一輩子都聽我的話，我說什麼都是對的。」面對妻子的這個請求，丈夫一定很苦惱，因為從本質上來說，這是一個難以做到的請求。再比如，家長對孩子說：「你以後反應快一點行嗎？」、「你以後勤快點好嗎？」、「你能從現在開始記住飯前要洗手嗎？」當這些話說出來以後，已經不再是請求了，而變成了一種有壓迫感的要求。這種要求往往帶有一些羞辱的性質，會讓孩子覺得背上了沉重的包袱，溝通自然很難順利進行下去。

與不可執行請求相對應的，是可執行的請求。

比如，丈夫最近總是很晚才下班回家，妻子可以這樣說：「親愛的，以後能不能每週有三天的時間，八點鐘以前回家？然後我們一起做飯、一起吃飯。」這是可執行的、可操作的，遠比「你要一輩子都聽我的話」更容易執行。

再比如，你想讓孩子養成飯前洗手的習慣，可以這樣說：「你願不願意跟我一起想想辦法，怎麼才能記住飯前要洗手？」這遠比「你能從現在開始記住飯前要洗手嗎」這種說法好得多。因為這是一個當下就可以達成的目標，而且達成之後，孩子是沒有負擔的，因為這是他跟你一起想辦法解決的問題。

我在家裡就經常對我兒子用這招。每次我跟兒子協商解決問題時，從不會直接提出具體的「你應該怎麼做」的要求，而是會向他發出請求：「兒子，我們一塊想個辦法吧，想想怎樣能夠解決這個問題。」每一次我都故意讓他先提出辦法，他提出之後，我就會說：「哇！太好了！」然後我會和他一起去做。因為辦法是他自己想出來的，這時他一定會有動力去做。

所以，當我們能夠把所有的事情變成一個可執行的、能夠有操作性的，而且不具有特別大的攻擊性，也沒有特別多貶低意味的請求的時候，整個溝通過程就會順暢很多。

再來舉一個很貼近生活的案例。最近幾年，校園糾紛事件時有發生。主要是因為現在孩子大多是獨生子女，家裡嬌慣自然少不了。當自己的孩子在學校被人欺負了或受了傷害，很多家長會衝到學校裡大吵大鬧，要一個說法，因為沒有一個父母願意看到自己的孩子被欺負、受委屈。

面對這種情況，學校應該怎麼應對呢？一般來說，校方可以先平撫好家長的情緒，接下來不帶評判地向家長描述出事實，然後再去瞭解他們真正的需求。

多數情況下，因為孩子被欺負或受到了傷害，家長會感到很傷心：我把孩子交給了學校，結果你們沒有管理好。說到底，他們的真實訴求往往是想要孩子在學校裡健康成長。

瞭解了家長的感受和訴求後，校方可以根據家長提的要求，整理出哪些是可執行的，哪些是不可執行的。可執行的盡量去滿足，比如增加一些安全設施，加強對學生安全意識的教育等等；不可執行的要說出不可執行的原因，爭取家長的理解。

事情到這還不能結束。因為在滿足了家長的一些可執行請求之後，校方也要適時提出自己的訴求，那就是學校需要一個良好的教學秩序，不能整天糾結於校園糾紛的問題，否則教學工作難免會受到影響，最終受影響的是每一個孩子。當問題合情合理闡述出來，相信絕大多數家長都是會理解的。

這就是長頸鹿式溝通的高明之處。總結起來其實很簡單，就是不帶評判地去觀察，說出真實感受，挖掘出真實需要，最後再提出具體可執行的請求。如果能夠把這一連串的方法都掌握好，並成功運用到溝通中，相信每個人都會突破溝通的困境，成為溝通高手。

Chapter 7

如何有效提問與傾聽

巧妙地提問可以促使對方進行深入思考，喚醒對方的內在動力，使對方努力去改變自己；傾聽則既能滿足他人自我表達的需要，又能鞏固人與人之間的連結。只有學會提問和傾聽，才能成為真正的溝通高手。

不要把建議變成批評

很多人都是熱心腸，喜歡給別人提建議。我原來就是這樣，常常為身邊這個人的行為著急，為那個人的經歷心酸，即使對方不主動跟我溝通，我也會自告奮勇地想把自己的真誠意見告知對方。但是，這樣的經歷並沒給我帶來好人緣，反而讓我屢屢碰壁。

我以前在央視做主持人的時候，工作做得還不錯，主管也比較賞識我。後來，我們部門又新招來兩個同事，跟我的職位同級。他們入職的第一天，我就非常熱心地把我們部門主管的性格、工作習慣和平時要注意的一些細節傾囊相告。我當時的想法很簡單，就是希望他們能盡快上手工作，不要再重蹈我的覆轍。我剛入職那時，就因為不瞭解這些情況，在工作中犯了好幾次錯誤，被主管批評之後才漸漸開竅。

我以為我的熱心和建議會換來對方的感激，哪怕一句「謝謝」也行。可讓我沒想到的是，聽了我的這些建議之後，其中一個同事竟然冷漠地說：「你在工作中出現的這些失誤，不見得別人也會出現。」

當時我心裡挺不是滋味，因為我是好心好意為別人提建議，結果卻碰了一鼻子灰，可是這件事該怪誰呢？現在想來，只能怪我自己。因為我當時沒有領會這樣一個道理，那就是不能隨便給別人提建議。這樣的「建議」，就算是再友好、再客氣，在對方看來也是批評，而批評是沒有幾個人願意聽的。

雖然提建議容易讓對方誤會，但是這並不是說不能向別人提建議，只要我們掌握一些方法，不僅不會引起對方的誤會，還會切實幫助到對方，從而讓溝通變得有價值、有意義。

確認對方請教的真實意圖

在生活和工作中，我們經常會被不同的人詢問不同的問題，比如，員工經常跑過來問：「主管，您看這個問題怎麼處理？」；或者家人問：「你看這件事怎麼辦？」；孩子也來問：「爸爸，我不知道怎麼做，我感到很迷茫。」這些時候，他們遇到的狀況已不再是情緒問題，也就是說，不需要你再來安撫他們的情緒，或者他們的情緒已經被安撫好了，他們現在面臨的是實實在在的困難，是缺乏想法、沒有主意，因此也是在坦誠地向你請教，等著你拿出真實有效的方法來。

在這種情況下，大多數人的溝通方式是「我建議你……」或者「我認為你應該……」。我相信很多人在給別人提建議時都是很真誠的，希望自己能夠幫到對方，但在對方看來，你的這些所謂的「建議」很可能就是批評和譴責：你在批評他沒你聰明，沒想到這一點；你在批評他沒你有能力，解決不了這個問題；你在譴責他幼稚，動不動就迷茫……之所以會產生這樣的效果，是因為人都有一種天生的自我保護意識，所以當你告訴別人「應該怎麼做」時，對方往往會找出很多理由來拒絕。

其實在很多時候，當事人可能並不真的需要你的建議，他來請教你，跟你傾訴、交談，只是想重新梳理自己的思路，確認自己的真實意圖；或者他已經有了自己的決定，只是需要你來幫他印證。如果你的建議符合他的決定還好，否則，他就會試圖說服你與他保持一致。如果說服不了你，他又會在心裡找無數個理由來支持他自己的觀點，或者再去找別人來印證他的觀點。

既然如此，如果對方主動來請教我們，找我們溝通，我們該怎樣與之交流呢？我的方法就是學會提問，用提問的方法來喚醒對方的內在動力。

什麼是內在動力？

內在動力就是你的內心當中想要把一件事做好的欲望。

一般來說，當我們給別人建議時，都會這樣說：「你應該試一下這個方案」或「你可以嘗試換個思路」，而對方的回答往往是：「我都試過了，沒用，不行！」

對方真的試了嗎？結果真的不行嗎？我們不得而知，但這種回答卻傳遞出一個信息：對方並不想接受你的建議，不管你的建議有沒有效。如果你提出一個建議，對方馬上回答：「哇，這個建議太棒了！」、「你說得太有道理了！」，但實際情況是怎樣的呢？對方會感覺自己很沒面子，他的潛意識中也不會願意接受這件麻煩事在你的一個建議下就迎刃而解這個事實。所以，你會發現兩個結果：一個是，不論你給他提什麼建議，到最後都會不了了之；另外一個是，他對你越來越依賴，不斷地提出問題，並且跟你說：「前面那個方法我試了，難度太大，不可行，你有沒有更好的建議？」

一個人到底能不能找到改變的方向，取決於兩個最重要的因素，一個在於他有沒有認清自己的現狀，另一個在於他有沒有建立自己的責任感。作為主管，如果你總喜歡親自動手替員工做事，給員工出主意、提建議，員工就永遠學不會自己承擔責任；作為家長，如果你動不動就替孩子做決定、做選擇，孩子也永遠不能自己學著成長。只有當他們認清現狀，並且建立自我責任之後，才會真正去尋找解決問題的辦法。而且他們自己提出的解決問題的辦法，就是他們的內在動力，他們也一定會努力去實現它。

用提問喚起對方的內在動力

要喚起對方的內在動力，不是你直接給對方提出多麼優秀、多麼有水準的建議，而是善於以提問的方式來引導對方挖掘自己的潛能，自己找到能夠真正解決問題的方法。游泳教練自己不一定是游泳冠軍，但他們卻能培養出優秀的游泳運動員；企業主管也不是全才，卻能培養出許多出色的企業管理者。究其原因，就在於他們善於用提問的方式引導別人找出自己的問題，繼而找出解決問題的方法和措施，並充分調動對方的積極性、主動性和能動性，讓他們從內心深處願意去改進自己。這樣的人，才是真正的溝通高手。

所以當別人向你請教一些問題，或者問你該怎麼做時，如果你直接告訴他應該做什麼或怎麼做，通常百分之八十的情況下都是錯的，你的建議和指導也等於做了白功。只有通過恰當的提問和啟發，引導對方深入、廣泛地進行思考，讓對方自己找到解決問題的方法，他的問題才能真正解決，他也才可能會對你抱有感激之心。

質疑式提問會打擊對方積極性

一個人是否具有高效的溝通能力，從某種程度上來說是可以判斷出來的。在溝通的時候，由於交流雙方有不同的經歷和經驗，所以難免都想要發表自己的意見。在這種情況下，在表達自己的同時，又能融入對方的世界，並巧妙地誘導對方說出自己的真實想法，再延伸到自己表達的內容中，這種溝通是最好的。也就是說，真正的溝通高手不但會在交談中加入自己的一些經歷，還會有技巧地引出對方的經驗，喚起對方表達的欲望。而這就需要一種高超的溝通能力——提問能力。

由於工作關係，我經常需要與一些人交談溝通。當我想要瞭解對方的經驗時，我就會用一些問題來誘導對方表達，而在提出問題後，對方也會很願意說出自己的經歷和經驗。在這個過程中，如果對方也問我：「那你的情況怎麼樣呢？」、「你當時是怎麼做的呢？」這時溝通的話題就有了交集，談話也能更愉快地繼續下去。

但也有一些時候，當我講述自己的經歷或經驗時，對方忽然來一句：「你怎麼能這麼做呢？」、「你為什麼不試試那種方法呢？其實那種方法比你這種更好」……結果，我一下就沒了繼續講下去的欲望。

這種提問方式就是質疑式的提問。作為一個被提問的對象，如果你不斷被別人提出帶有質疑性的問題，就像站在法庭上的證人席上接受盤問，這種感覺一定不那麼美妙。而隨著問題的不斷增多，你甚至會感到自己的能力和人品都遭到了強烈質疑，你的自尊也會不斷受到傷害。很顯然，這樣的提問方式不利於溝通的順利進行。

提問能力決定了你在溝通中是否能夠占據主動，或者直接決定了你的溝通效果。而要想保證溝通的順暢，你就要盡可能地滿足自己和對方的表達需求，因為每個人在聊天時都喜歡談論自己，這是人的本能；同時，每個人也希望在聊天中能獲得別人的認可，這也是一種本能。所以，一些樂於傾聽並善於提問的男士，總能贏得女士的歡心；相反，一些在聊天時總想表現自己足夠優秀，或動不動就質疑別人情商、智商、能力的男士，要獲得女性的喜愛就比較難。

工作中也是如此，如果你的提問是為了讓自己當一名好聽眾，同時協助對方解決問題，那麼恭喜你，通常你會擁有比較高效的溝通。在很多溝通中，別人更在乎你怎麼對他說、如何請他說，而不是你在說什麼。我拿出半小時的時間跟你交流，不是為了聽你說你的工作多麼努力、你的經驗多麼高明、你的成果多麼卓越，而是為了表達我對這些問題的困惑和我的需求。

有一次，我跟公司裡的一名技術人員溝通有關線上營運技巧的問題。一開始，他給我講了幾種他認為比較好的營運方法，我聽著也感覺不錯。就在這時，我忽然想到了剛剛在一本書上看到的另一種營運方案，覺得很好，然後我直接打斷他的話，問他：「你為什麼不試試 ××方法呢？我覺得那種更好啊！」

突然被我的問題打斷，他有點驚訝，但很快我就發現了他臉上的不愉快，因為他向我提供的方案也很不錯，而我沒等他講完，就直接以質疑的口吻問他為什麼不試試另一種方法，顯然讓他很不舒服。

我也馬上意識到了這個問題，連忙跟他說：「對不起，我有點著急了，請你繼續講你的方案。」等到他講完後，我才說出我對另一種方法的想法：「你講的幾個方案都不錯，很符合我們的實際情況。我想再請你幫我分析一下我剛剛提到的方案，看看哪一種更有優勢……」結果他很愉快地就答應了。

提問是為了引發思考，而不是要將你的答案和解決方案直接告訴他人，以展示自己的分析和方案有多智慧，哪怕你心裡有更好的答案也不要搶著說，而應通過巧妙地提問讓對方先說出答案。同時，恰當的提問也能促使雙方共同探討，這樣的溝通才會更加有效。

啟發式提問能激發對方責任感

要喚醒對方的內在動力，最好的方法就是有效地提問。前文我們說了，質疑式的提問是不可取的，還有另外一種提問方式，就是啟發式提問。

什麼是啟發式提問？就是向對方提出一些帶有啟發性的問題，幫助對方的大腦打開一個新的視窗，讓對方感覺「我真的沒有思考過這些問題」，然後引導對方對這些問題進行深入的梳理，尋找能夠真正解決問題的方法。

啟發式提問可以激發對方的責任感和對自己現狀的認知，這是非常重要的，因為一個缺乏自我責任感和自我認識的人是很難改變自己、改變現狀的。其實我們生活中的很多人，甚至包括我們自己，都經常想要改變自己、改變現狀，但所用的方式往往都是自我批評，這種方式帶來的直接後果就是什麼都沒有改變。比如，我們感覺自己拖延，通常就會說自己「我有拖延症，我太拖延了！」、「我討厭拖延的自己，我真沒用」等等。但是，當我們這樣不斷地自我評價和貶低後，我們的人格就會變得越來越低，自尊水準也會變得越來越低。而人格和自尊水準低的人，是沒有改變的動力的。

周星馳有一部電影，叫作《破壞之王》。在電影裡，周星馳扮演的何金銀是個送外賣的小夥子，他想追求漂亮女孩阿麗，卻被情敵打擊得痛苦不堪。他沮喪地坐在垃圾堆邊，這時有個人過來扔垃圾，看到他後說：「你這個垃圾。」結果何金銀不但沒反抗，反而厚著臉皮說：「你完全傷害不到我啦，因為我已經瘋啦！」

我記得當時看完這部電影後，這句臺詞給我的印象特別深刻，甚至對我的人生觀都產生了很大的影響。是的，別人傷害不到他了，因為他的自尊水準已經低到像垃圾堆一樣的層次，這時任何人都無法再讓他做出改變，他也根本沒有力量做出任何改變。只有當他最後找到了當英雄的感覺，救了女主角後，他的內在動力被激發出來，他才有力量去重新學習，最終走向人生顛峰。

由此可見，一個人要做出改變是需要動力的，這個動力就是我們說的自律，是來自較高水準的自尊。而我們在與別人溝通時，就是要幫助對方建立他的自我責任感，而不是讓他不斷地自責。

改變現狀的標準路徑

所有的改變，第一步都是覺知，即通過啟發讓一個人知道他有哪些問題，為什麼自己會出現這些問題。有問題不可怕，我們可以改變，所以第二步就是接納，接納自己的現狀，哪怕現在的自己很糟糕，我們也仍然愛自己。做到這兩步，才有可能做到第三步——改變現狀。

所以，覺知、接納和改變，就是一個人改變自己現狀的標準路徑。如果一個人總是處於不斷的自我責備、自我批評之中，他的生活只會變得越來越糟，任誰向他提出多麼有意義的建議都沒用。很多賭徒就是這種心態，每次輸了錢後，他們都發誓再也不賭了，但很快人們就又在賭桌上看到他了。我見過很多這樣的人，你看他胳膊上刻個「忍」字，拿菸頭燙自己，就是希望能用這些辦法來警醒自己，可越是這樣，他就越戒不掉賭。原因就在於他的初始方向是錯的，他在不斷地指責自己、欺負自己、貶低自己，不斷讓自己的人格和自尊降低。而沒有了自尊，他的生活就不會有任何改變。

好的提問可以激發對方的行動

什麼樣的提問才是有效的提問，才能激發對方的內在動力和有效行動呢？我這裡列出一些類似的提問：你想要達成的目標是什麼？具體的目標是什麼？有什麼指標嗎？你的現狀是什麼？為了實現目標，你都做了哪些努力？你打算什麼時候實現目的？你設想的最佳狀態是什麼？你認為自己還需要在哪些方面進行改進等等。

我有一位朋友，在一次溝通中，他跟我聊起了他的兒子。當時他兒子正讀高三，學習成績一般，平時也不好好上學，這讓他很焦慮。他跟孩子多次溝通，還請過家教，但孩子就是沒心思學習。我瞭解情況後，就把這種提問方法推薦給他。

以前他在跟孩子溝通時，一開始就是苦口婆心地講道理，發現孩子不聽，就開始指責、訓斥，表達自己的焦慮，結果可想而知。後來他開始運用我推薦給他的方法，跟孩子交流時這樣開口：「你不想學習，那麼你對未來有什麼具體的打算嗎？」

他兒子說：「我想當個演員。」

他又問：「那你想當個什麼樣的演員呢？」

他兒子說：「我就想當個黃曉明那樣，有演技的實力派演員。」

他接著問：「你覺得怎麼才能成為黃曉明那樣的演員呢？」

他兒子回答：「我得先考上電影學院的表演系，畢業之後應該就差不多了。」

然後他又問：「那你覺得，以你現在的成績，離考上電影學院還有多大差距呢？」

他兒子思索了一會兒，說：「我的文化課可能會差一點，政治課不行，我沒好好背，英語和數學，我再加把勁應該能跟上，考電影學院文化課要求不是太高，所以只要我多努力，考到四百多分就有機會了。表演這方面我覺得應該可以；面試，我是有信心通過的。」

看到孩子自己認真地分析了現狀，接下來他又問：「那麼你都做了些什麼來實現這一切呢？」

他兒子回答：「我沒做什麼，就是天天想著這事，然後沒好好上學，沒做什麼事。」

他接著說：「你有沒有哪些可供選擇的方法和路徑？」

他兒子又想了想，說：「您能不能給我請個家教？我想再好好補補英語、數學，而且我這次保證好好學。」

大概過了半年，這位朋友給我打電話，說他兒子考上電影學院了。更神奇的是，他竟然成了他們家族的傳奇人物，誰家搞不定上學的小孩子，都會請他「上陣」去提問！

由此可見，要想讓對方做出改變，就必須激發出對方的內在動力，讓對方心甘情願地為自己的目標努力，而不是你推著他去努力。

不僅是在家庭中，在工作當中這種溝通方式也很適用。有時候我們跟合夥人、員工之間會因為一些問題出現矛盾，不一定是誰對誰錯，只不過是所站的角度或考慮問題的方向不同，這時如果你直接給對方提出建議或意見，溝通就可能陷入僵局。但如果我們以提問的方式與對方溝通，不僅能瞭解到對方的真實想法，還能啟發對方的思維，同時也能結合自己的一些想法，與對方一起尋找解決問題的最佳路徑。這種溝通效率是非常高的，大家不妨試試看。

●●● 提問時對方才是主角

當我們進行啟發式提問時，目的是引導對方進行深入的思考，而不是直接介入對方的問題，或者替對方解決問題。運用這種提問方法，既能達到我們自己的溝通目的，也能讓對方有很大的收穫。

我太太自己創業，有時遇到難題會來找我討論。以前她一找我，我就說：「這事我覺得你應該這樣……」我提了很多建議，結果她卻很不滿：「哪有你說得那麼簡單？要是有這麼簡單，我早就成功了，你就是站著說話不腰疼！」

聽她這麼一說，我也很鬱悶：「明明是你來問我的，我現在告訴你答案了，你怎麼還生氣呢？」結果，兩個人鬧得很不愉快。後來我接觸到這種提問式溝通方式，當她再來問我時，我就問她：「你現在的目標是什麼？」她告訴我她的目標。「你的現狀是什麼？」然後她再跟我講一通。我再問：「那你現在都有哪些選擇？」她再繼續講，然後我再問：「那你考慮過××問題了嗎？」……就這樣問她大量的啟發式問題，等她自己都回答完後，她就會說：「你看你早跟我這麼溝通多好，現在我覺得思路清晰很多，以後每個月跟我這樣來一次。」

啟發式提問分為三步，我們分別來看一下：

詢問目標

當一個人帶著幾個問題來向你請教時，大部分人的做法是直接介入對方的問題，告訴對方應該怎麼做，但事實上這並不能完全解決對方遇到的問題，或者說你的答案並不一定是對方期望的答案。

此時我們應該先將自己「置身事外」，不要直接進入對方的問題中，而是先幫助對方弄清楚他的目標是什麼，這時我們就可以向對方提問。常用的問題組包括：

- 「你要達到什麼樣的目的？」
- 「你希望自己能實現什麼樣的目標？」
- 「你的具體目標是什麼？」
- 「你打算什麼時候實現這個目標？」

……

如果對方的目標較大，你也可以引導對方將目標量化，如：

●「你想在半年內達到什麼目的？」

●「在三個月內，你要實現什麼目標？」

●「在××方面，你要實現哪些目標？」

……

這裡需要注意的是，當對方說出自己的目標時，我們不要評價對方的目標，只要對方能清晰準確地說出他的目標就行了。比如，對方說自己的目標是考上研究生，即使你真的認為考研對他的工作幫助不大，也不要說「考研無用」一類的話，以免打擊對方的積極性。

詢問現狀

現狀也就是對方當下的境況，很多人往往搞不清自己的現狀，所以也不知道怎樣去實現目標，而這一步的提問就是幫助對方理清自己當下所處的狀況，比如存在哪些困難、有哪些問題等。常見的問題組如下：

- 「你的現狀是什麼？」
- 「你認為當下哪些情況讓你感到困難？」
- 「你做過哪些努力？效果怎麼樣？」
- 「你現在的狀態與哪些情況、哪些人有關？」
- 「你是怎樣知道這些是事實，而不是臆想的？」

……

這些問題可以幫助對方放大自己的視野，把與自己現狀有關的人和事都羅列出來，然後分析這些人和事對自己有哪些影響。有些時候對方對自己的現狀判斷可能存在偏差，你要及時提醒對方。

詢問可選擇的方法和路徑

對方清楚了自己的目標和現狀後，接下來就要確認怎樣通過利用或改變現狀去實現目標，所以這時你就要詢問對方有哪些可供選擇的方法和路徑，也就是真正的啟發了。這一步的常用問題組包括：

- 「你打算怎麼做？」
- 「你有哪些選擇或方法可以解決問題？」
- 「你下一步的行動是什麼？」
- 「在相似或相同的情況下，你知道別人是用什麼方法解決問題的嗎？」
- 「你還需要誰的支援和幫助？」
- 「還有沒有其他的方法？」
- 「還有嗎？」

……

當提問走到這一步時，我們通常會遇到一個比較常見的問題，就是對方說「我不知道該怎麼做」或「我也沒辦法」。

對方對前面的目標、現狀已經非常清楚了，為什麼到最後一步會不知道怎麼做呢？有一個重要的原因就是人會陷入一種「限制性想法」當中。什麼是限制性想法？

就是人會自己給自己設定很多限制，這些限制會讓我們不敢或不願去想。比如，當孩子與家長發生矛盾時，你告訴他：「你可以跟你爸爸媽媽談一談。」他的第一反應就是：「我怎麼談？我跟他們根本談不下去。」這就是限制性想法，他直接就把自己限制在「談不下去」這個想法之中，所以接下來他也不會有所行動。

在這種情況下，我們對他的進一步啟發就是：「在類似或相同的情況下，你聽過或見過別人是怎麼做的？」、「如果能談下去的話，你覺得答案會是什麼？」這就是在打開對方的限制，啟發對方去借鑑他人的做法，或者直接天馬行空地去想該怎麼做，這就達到了啟發的目的。

在這部分提問中，我們要盡可能多地問對方一些具有啟發性的問題，讓對方尋找更多的選項，而且你會發現，當對方參與到這個過程中後，他就會明白問題的責任究竟在誰。也就是說，他會慢慢明白到底誰才是解決問題的主角——這個主角就是他自己。這也是一個優秀的輔導者和一個糟糕的輔導者的最本質區別。優秀的輔導者，也就是那個提問的人，他在提問時會非常輕鬆，而被輔導的人會非常認真，因為他認識到這是他自己的問題，他需要自己認真考慮該怎麼解決這些問題。這是一種正確的輔導。相反，糟糕的輔導者在提問時自己會非常認真，被輔導的人卻很輕鬆，甚至還會不斷重複：「你看，這就是很難啊！」、「哎呀，這個不好解決啊，怎麼辦呢？」因為對方沒有意識到責任在自己身上，也沒有進行思考，而是期望能從輔導者那裡一步到位地找到解決問題的方法，這就是一種糟糕的輔導。

所以，我們在提問時，一定要讓對方意識到他才是問題的主角，並且最好能「逼」對方多說出幾種解決問題的方案，這時就可能會有很多非常精采的解決方案出現。

完成以上三步後，對方認識問題、解決問題的思路就非常清晰了，接下來就是將目標落實到具體的行動之中。這時我們可以再加一個問題，問一下對方如何提高行動的可能性。如果對方覺得行動的可能性只有三分，那表明他可能不會行動。此時我們可以繼續問對方：「改變哪個指標你才能行動？」對方不斷修正自己的行動步驟，直到將行動的可能性提高到八、九分時，他就有很大的可能性去付諸行動了。

這三步看起來很簡單，真正運用起來卻妙趣無窮。當然，我們也不要把它們看得過於嚴肅，想要使其發揮效用，你只要學會一句話就能成為一個教練式的提問者，也就是當別人來問你怎麼辦時，你只需問對方：「你覺得呢？」這樣你就把解決問題的思路轉移給了對方。當然，你也可以按照以上步驟認真提問，認真啟發對方去尋找解決問題的有效方法。

●●● 放下自我，學會傾聽

在我們與人溝通的過程中，傾聽是必不可少的，而且是非常重要的。在家庭當中，傾聽有助於家庭生活的和諧；在工作當中，傾聽有助於贏得對方的信任和重視。總之，在這個充滿各式各樣交際溝通的社會裡，傾聽都是一種非常有效的溝通方式。

但在實際溝通中，我們總是急於給別人提建議、給安慰，或者表達我們的態度和感受，以為這樣的互動才是有效的溝通，卻常常忽略了傾聽的作用。這就是一種非傾聽式的溝通，溝通效果往往並不理想。

我以前在央視工作的時候，接觸過很多優秀的主持人，其中崔永元老師的主持風格給我留下了特別深刻的印象，也成為我後來工作時學習的榜樣。

在主持節目的過程中，崔永元老師特別善於把握嘉賓的內心感受，並且非常善於引導，往往只說幾句話，就能讓對方說出更多的話來，而他自己則在一旁做一個傾聽者。我記得《實話實說》曾做過一期「郭大姐救人」的節目，主角郭大姐不是特別善於表達，但在這期節目中，郭大姐在崔永元老師的提問下，說了很多話。在節目過程中，崔永元老師更多的時候就是坐在旁邊耐心地聽郭大姐講，有時候聽到郭大姐說到某個點時，他還會在一旁微笑。後來笑得聲音越來越大，郭大姐也講得越來越開心、越來越流暢，甚至說出了許多原來沒有準備的話題，節目播出後反響特別好。

但我也遇到過其他一些主持人，主持效果就不那麼理想了，比如有時在採訪嘉賓時，經常給出太多的主觀評論，反而忽略了傾聽嘉賓的表達。有一次，一位主持人採訪的是參加過某次救災搶險的官兵，原本是打算讓嘉賓多講一些災情和大家搶險時的表現等，讓觀眾瞭解到救災搶險的危險和不易。然而，在實際採訪過程中，主持人卻在現場直接分析了很多情況，比如「這次災情的因素大概有這麼幾個原因，第一……第二……」、「在這次救災期間，大家表現得都不錯，您覺得呢？」，也就是說，主持人把本該屬於被採訪者的話都說了，然後只問了對方一句「您覺得呢？」，那麼對方該怎麼回答？就只能回答「是的」了，其他也就沒機會再說什麼了。

很多時候，當對方向我們傾訴或表達時，並不是為了讓我們給他提供什麼建議和幫助，只是希望能獲得我們的理解和接納。當我們耐心地傾聽對方時，對方就會從我們這裡獲得一份精神上的鼓勵，以及戰勝困難的力量。

我們為什麼不願傾聽

在溝通時，很多人不願意傾聽的一個主要原因就是放不下自己，因為每個人都是獨立的個體，也都有表達自己的權利，要傾聽對方，就需要放下自己的態度，融入對方的世界，並努力克制自己也想表達的欲望，這是件很難的事。與此同時，在聽別人說話時，一旦對方說出我們不認可或不贊同的觀點，我們就急於反駁。如果反駁效果不佳，我們又可能產生負面的情緒反應，後面就根本沒法再靜下心來認真聽對方講話了。

比如，當妻子跟你抱怨她操持家務、照顧孩子很辛苦時，你可能會產生一些不完全認同的想法，然後反駁說：「你只是每天在家做做飯、洗洗衣服、看看孩子，有什麼辛苦的？我的工作才辛苦呢！」、「別人家不都是這樣過的嗎？沒聽人家妻子說辛苦啊，就你事多！」、「我也很辛苦啊！我經常加班、出差，也沒跟你抱怨什麼，你卻總是沒完沒了地抱怨！」……這樣一來，你和妻子的溝通就很難再進行下去，或者再進行下去就是一番爭吵了。

其實妻子跟你說這些，只是想要你多關心她一下，此時你只需有意識地將大腦中的想法擱置，耐心地聽妻子說話或專注於妻子想要溝通的事情即可。這樣，妻子才會感覺到你理解她的辛苦，尊重她的溝通。

所以，如果對方想要表達，我們一定要先放下自己的態度或偏見，尊重對方想要表達和溝通的意願，不隨便插話和發表意見，耐心地傾聽即可。

適當給予對方回饋

在傾聽過程中，為了表示對對方的關注，我們可以及時給予對方一些回饋，比如點頭、微笑或簡單的認可等，這些回饋可以拉近彼此之間的距離或預防出現一些潛在的暴力溝通。此外，在溝通剛開始時，對方所表達的內容或感受可能只是冰山一角，許多更加強烈的情感並沒有表達出來，而耐心的傾聽和恰當的回饋就會為他們探究和表達內心的真實感受提供條件，讓他們放下顧慮，更加暢所欲言地表達。

美國一家機構曾在雇員中進行了一個調查，目的是調查管理人員身上最受歡迎的素質和最讓人討厭的行為。結果顯示，管理人員最受歡迎的素質中，排名第一的不是管理者的專業水準，而是善於傾聽；而最令人討厭的行為中，排名第一的是「blank wall」，意思是「一堵空白的牆」，也就是說，員工在與這樣的管理人員說話時，就像對著一堵空白的牆，沒有任何回饋，這種感覺無疑是非常痛苦的。由此也可以看出，善於傾聽並能夠給予回饋，是員工非常看重的管理者素質。

這裡需要注意的是，回饋並不是說反駁對方，或表達自己與對方不同的觀點、想法等，回饋只是一種對對方的關注和接納。

有一次，我太太跟我發牢騷，說她公司裡的一個員工工作狀態很糟糕，工作時間經常偷懶玩遊戲，結果導致工作完成得很一般……吧啦吧啦說了一大堆。我當時正在看書，就隨口說了一句：「如果你感覺他實在不行的話，就換一下人吧。」沒想到我的話還沒說完，太太就急得跳起來了：「你怎麼說得這麼輕巧？現在招一個技術人員多難啊……」

所以你看，當對方在傾訴時，千萬不要試圖打斷對方的話或希望對方能停下來聽你出主意、聽你解釋，否則就會妨礙對方的表達，你們的溝通也很難再進行下去。

善於在傾聽中吸收對方的信息

善於傾聽的人都很受歡迎，但傾聽並不是被動地聽著，讓對方把話說完就行了，這其實是一個接收對方信息的過程。只有將對方表達出來和未表達出來的信息接收到，雙方接下來的溝通才有可能順暢、高效。

溝通學中有這樣一個現象：兩個人在交談時，先說話的人會在說話前五秒開始想自己該說什麼；而開始談話之後，另一個人就會在五秒內開始思考對方下一句會說什麼。換句話說，在五秒之後，傾聽者一直在構思自己要說的話，而對對方的話大多沒有聽清。即使一個善於傾聽的人，也只是將這個時間延長到三十秒而已。可見，認真傾聽並非一件容易事。

要想擁有出色的傾聽能力，建立最有效的溝通，我認為可以分為三步來：

第一步：深呼吸。目的是平穩自己的情緒，將注意力集中到說話者身上，讓自己能夠調整心態，靜下心來認真聽對方說話。

第二步：提問。在傾聽過程中，適當地提一些問題，既是對對方說話的回饋，也是在傳遞對對方的尊重和關注。提出的問題既可以是開放性的，也可以是封閉性的，目的都是誘導對方繼續表達，將內心想說的話都說出來。

第三步：複述。傾聽者在聽完後，不妨複述一下談話者所說的內容，以保證自己接收的信息是完整的，避免溝通中出現差錯或有理解不到位之處。

作家莫里斯曾說：「要做一個善於辭令的人，只有一種辦法，就是學會聽人家說話。」很多關係的建立和問題的解決都是從善於傾聽開始的，所以，想要成為一個真正的溝通高手，就要先努力讓自己學會傾聽，做一個善於傾聽的人。

打造溝通的無錯區

什麼叫溝通無錯區？

我最初看到這個概念時也感到很奇怪：難道生活中的種種溝通都不能犯錯嗎？難道別人犯了錯，我還不能批評嗎？但當我真正理解了「溝通無錯區」的含義後，我認為這是一個很了不起的概念。

無錯區中的「錯」指的是批評、指責、評價、命令等，所以「無錯區」的意思其實是要將溝通雙方的關注力從表面的「錯誤」轉向深層的「需要」。通常在溝通過程中，一旦出現矛盾和衝突，我們的第一反應是什麼？我相信大多數人的第一反應都是去評判這件事的對錯或尋找責任人，比如：這件事到底對不對？不對的話怪誰？誰應該為這件事負責等等。但通常你會發現，很多矛盾和衝突的出現可能誰也不怪，只是由於大家所站的角度或看問題的角度不同、利益和訴求不同，或者要達成共同需求的路徑不同而已。

這也就是說，那些讓我們感到煩惱的矛盾和衝突並沒有絕對的對與錯，大家闡述和討論的問題也沒有對錯之分，不是說你是對的、我是錯的，或者我是對的、你是錯的，只有雙方未被滿足的需要。鑒於此，溝通雙方就不存在對抗性的矛盾，只有需要雙方努力去解決的問題。如果我們能夠理解到這個層次，在溝通中有意識地打造「無錯區」，那麼彼此之間的溝通就會變得順暢無阻。

要打造溝通的無錯區，我們可以從以下五個方面入手：

將衝突看成一個需要解決的問題

在溝通中，衝突是不可避免的。不管是在家庭中，還是在工作中，衝突隨時隨地都可能出現，當衝突出現時，我們該用怎樣的態度去對待它？

從理性的角度來說，衝突只不過是各種不同意見的交會。既然是不同意見，就需要溝通雙方學會換位思考，從不同的角度、不同的層次和不同的目的去尋找彼此都能夠認可的交叉點。也就是說，要將眼前的衝突看成一個需要解決的問題，而不僅僅是一個衝突。這才是我們處理衝突時的正確心態。

確信你的需求可以獲得滿足

不論是大人還是孩子，在溝通時都會很在意自己的需求是否能得到滿足。一旦需求沒能得到滿足，就容易產生焦慮、恐懼、憤怒等心理，矛盾就這樣產生了。

有一位媽媽跟我抱怨，說孩子喜歡打籃球，不好好學習，這件事讓她非常焦慮。於是，她就不斷地跟孩子講道理，要孩子聽話，不要在籃球上浪費時間，應該好好學習，考上個好大學。可越是這樣，孩子就越不聽。母子兩人陷入溝通僵局。

這位媽媽心裡的潛臺詞是什麼呢？就是「你沒有滿足我」或「你是不會滿足我的」，也就是孩子沒有滿足她的自我需求。我們前面講過，這其實是一種匱乏型心態，認為孩子只有聽媽媽的，好好學習，才是對的，否則就是錯的，沒別的選擇。很多溝通中的衝突都是這樣產生的。

但富足型心態的人面對矛盾時就會覺得，今天解決不了的問題明天一定有其他辦法解決，方法總比困難多，凡事最後都能得到解決，如果還沒有解決，那是因為還沒有到最後……當你擁有這樣的富足心態時，就可以確信自己的需求一定能得到滿足，只不過是用不同的、更有創意的方法來滿足而已。

你下班回家後感到很累，很想休息一會兒，但孩子一天未見你，想跟你玩，這時你跟孩子間就有了衝突：你的需求是休息，孩子的需求是你陪他玩，怎樣才能確信彼此的需求都獲得滿足呢？

這時候你可以跟孩子溝通一下：「寶貝，我知道你很想要爸爸陪你玩，但爸爸現在有些累，需要休息一下。等爸爸休息十分鐘後，就會陪你玩，好不好？」

孩子對自己的需求是否能獲得滿足同樣存在焦慮和恐懼，這種情緒也常常會導致憤怒和自我防禦。但當你與孩子溝通後，孩子確信自己的需要能夠被滿足，就會變得放鬆，而不會再擺出防禦姿態，擔心父母用高壓或強制手段來壓迫或命令自己做事。這樣，你和孩子的情緒化反應就會減少，衝突也會減少，彼此信任則會增加。

相信需求可以引出解決方案

我們應該明白這樣一個道理：溝通中導致衝突的不是彼此的需求本身，而是為了滿足彼此需求所採取的方法或策略。比如，吃完晚飯後，你想看一會兒電視，妻子想早點睡覺，看電視和睡覺都是為了滿足放鬆、休息這個需求而採取的策略，只不過兩個人的方法不同而已。但你把電視聲音開得太大，就會影響妻子睡覺，這就產生了衝突。如果我們都明白自己的需求，就可以採用更加靈活的策略來解決衝突，如把電視聲音調小、回房間關上門睡覺，或者一起坐下看看電視後再睡覺，而不是互相埋怨、指責對方，繼而讓爭執升級。

所以，衝突產生後，溝通雙方最終要靠彼此的需求來尋找解決方案，同時要相信自己的需求最終能夠為彼此帶來解決方案。

> 我曾經有個合作夥伴，他特別愛挑別人的毛病，你做什麼他都覺得不滿意，總是想方設法找問題，然後來跟你談。一開始我感到很煩，後來我慢慢瞭解到，他這樣其實是一種缺乏被人肯定和安全感的表現。他找出工作中的各種問題，目的是說明這項工作很重要，需要他來重視。於是之後他再挑毛病時，我就盡量去滿足他的這種內心需求，給予他很多肯定，並表示工作中的這些問題的確需要重視，慢慢他的脾氣就沒那麼大了。

所以，在與他人交談時不要光看表象，還要看到表象背後的需求，解決問題的根本方法也來源於對雙方內心需求的洞察。如果缺乏這種洞察力，你的解決方案就只能浮於表面，根本解決不了實際問題，這樣的解決方案也一定是錯誤的。

用合作和連結化解衝突

當一個人處於情緒當中時，是很難冷靜思考的，而只有尋求彼此間的合作與連結，才能從根本上化解衝突。

孩子不想做作業，但媽媽認為家庭作業很重要，不完成會影響學習，也會被老師批評，所以強制孩子做作業。孩子為了表示反抗，直接離家出走了。媽媽這才害怕，四處找孩子，並表示再也不逼孩子寫作業了。

這樣的結果真正化解衝突了嗎？並沒有，事實上是兩敗俱傷。孩子不想寫作業一定有更深層的原因，可能覺得題目簡單，他都會做；或者題目太難，不想做、不會做；或者是面臨期末，心理壓力大，需要家長的關心和理解。但媽媽沒深入瞭解孩子的需要，只覺得孩子不寫作業是不對的，不管遇到什麼問題，作業必須要完成，這就會讓雙方的溝通陷入是非對錯的評判之中。而孩子覺得自己的需求沒被理解和滿足，只有採取激烈的方法反抗才能達到目的。雙方都忽視了對對方需求的察覺和滿足，矛盾也只會激化，不能解決。

在這種情況下，試圖證明自己才是對的，或者無原則地滿足對方，都不能真正化解衝突，只有尋求彼此間的合作和連結，讓對方感覺你在關心他的感受、關注他的需求，你也很願意為滿足雙方的需求而想辦法，對方才能理解你的需求，並願意和你一起解決衝突。

對有效的方法慶祝，對無效的方法學習

雖然我們分析了很多案例，但在現實生活中，沒有一個案例能像我們在課堂上或書中這樣輕鬆愉快地解決，因為實際生活中的問題可能會盤根錯節、更加複雜。當我們遇到麻煩或挫折時，多數情況下首先想到的是譴責別人或譴責自己。比如看完這本書後，你在實際生活中運用了其中的某種方法，結果發現沒起作用，你可能就會譴責樊老師，說這本書根本沒有用，都是騙人的心靈雞湯等等。

其實這不難理解，這些都是我們從小形成的習慣，可能從小父母就告訴我們，做錯了事就要承擔責任。怎麼承擔呢？懲罰做錯事的人啊，要嘛懲罰別人，要嘛懲罰自

己。懲罰別人就是譴責他，把所有責任都推到對方身上；要嘛就是懲罰自己，罵自己「真沒用」，譴責自己笨，「為什麼別人能做好，我卻不行」，總之為自己設定了很多標籤，實際上這是一種對自己的不尊重。

總之，我們習慣了一遇到問題就找個對象來承擔責任，卻很少能馬上想到如何去解決問題。鑒於此，我們強調打造溝通的無錯區，因為世界上本來就沒有絕對的對和錯，事情也不是非此即彼。

所以對於溝通這件事，我的建議是：當你獲得了有效的溝通方法後，一定要慶祝一下，給自己一個正面的禮物、一個正面的回饋，對自己說：「今天好開心，因為今天學到的這個方法很有用！」而對於無效的方法，不要譴責，不妨反思一下：「這個案例沒處理好，問題出在哪裡呢？」、「下次我該在哪個地方進行調整，才能更好地處理這件事呢？」

老子在《道德經》中說：「善人者，不善人之師；不善人者，善人之資。」意思是說：好人、善人是不好的人的老師；而不好的人，就成了好人、善人的鏡子。為什麼是「鏡子」呢？就是說你不看到世間的壞人、壞事，就不能反省自己。這就是不斷學習的過程，所以我們可以從進步當中學習，也可以從退步當中學習。對於任何人來說，終身學習都是無處不在的。

Chapter 8

用身體語言認識自己和他人

人們總是會通過自己的肢體語言、面部表情和微妙暗示向他人傳遞各種信息，如果我們能正確判斷這些信息，溝通就會變得愉快而順暢。

●●● 避免用肢體語言暴露內心所想

在開始這個話題之前，我想先請大家檢查一下自己現在的肢體狀態：有多少人正拱著背，低著頭？有多少人正蹺著二郎腿，一直抖個不停？有多少人正在左顧右盼？又有多少人正在不停地搓自己的雙手？……

我們接下來討論的話題就是肢體語言在溝通中的作用。著名幽默戲劇大師薩米·莫爾修曾說過這樣一段話：「身體是靈魂的手套，肢體語言是心靈的話語。如果我們的感覺夠靈敏、開放，眼睛夠銳利，能捕捉到身體語言表達的信息，那麼，言談和交往就容易多了。認識肢體語言，等於為彼此打開了一條直接溝通、暢通無阻的大道。」

肢體語言也被稱為人的「第二種語言」，在溝通過程中，通過觀察對方不經意間表現出來的一些肢體語言，我們就能判斷出他們的某些想法或感受，或者一些至關重要的信息，然後據此採取相應的溝通策略，常常能讓溝通達到事半功倍的效果。

如果你不想讓對方通過肢體語言看透你的想法，就要注意控制自己在不經意間做出的一些小動作，免得這些肢體語言「出賣」了你。

在體育比賽中，一些運動員或觀眾在失分或輸掉比賽的時候做的一些小動作都非常有趣。比如在足球比賽中，如果己方被對方攻進了一個球，或者己方的進攻失敗，鏡頭掃向觀眾席時，你會發現觀眾們有一個統一的動作：捂臉。

這是一個收縮身體的動作，意思是想把自己藏起來、蜷縮起來，不要被人發現。當然，不被發現是不可能的，而且這個動作傳遞的是一種弱勢、無助甚至沒臉見人的含義。所以即使你沒看場上，只看觀眾的這個動作，基本就能判斷出場上發生了什麼。

神探福爾摩斯我們都很熟悉，他的高明之處就在於，能夠根據對方的外套袖子、指甲、腳上的靴子、膝蓋處的褶皺，以及面部的微妙表情和種種行為來判斷其內心活動。他說：「如果在得到所有這些信息的情況下仍然無法對這些信息的主人做出準確判斷，我認為這就是天方夜譚。」為什麼福爾摩斯能如此自信？因為他很清楚，人的肢體語言中蘊含大量信息，這些信息能夠傳遞出來的能量同樣非常巨大。犯罪嫌疑人可以編造出各種各樣的謊言，但他們卻很難控制自己的肢體語言，或許在不經意間就會把內心的秘密洩露在一個動作中，或者隱藏在一個看似沒什麼深意的手勢裡。

由此可見，在與別人溝通時，為了不被看穿內心所想，我們就要在肢體語言方面有所注意。一般來說，需要注意下面幾個問題：

減少缺乏自信的手勢

除了面部表情外，最能形象直觀地表現說話者情緒和心理的就是我們常用的一些手勢。比如當我們說「捏一把汗」時，緊張的情緒不但會出現在臉上，還會表現在手上，甚至「手部動作」比「面部動作」表現得更真實。

在與人溝通過程中，手部也會傳遞出各種各樣的信息。如果你想在溝通中表現得很自信、很有底氣，就要時刻注意自己的手部動作，別讓它們不小心「出賣」了你。

十指交叉本來是一種很自信的表現，但你要注意，如果你內心緊張或缺乏自信，你的十指就會交叉緊扣，這時對方很可能就會通過你的這個小動作判斷出你的心理狀態。

搓手掌或雙手不停地擺弄一件物品，往往是在緩解內心的壓力，很多人在溝通時都會做出這兩個動作，但這兩個動作也會暴露你的不安、無助的情緒。如果你不想讓對方看破，溝通時盡量少做這兩個動作。

另外，我們前面曾提到，有的人在溝通時會用手摸脖子，這個動作傳達出來的就是一種緊張、無助、不自信的狀態，所以會通過這種方式來釋放壓力。

我們在電視中看到過，當老闆和員工們一起圍著桌子談話時，老闆經常會使用這樣一種手勢，即將一隻手的指尖相對應地輕觸另一隻手的指尖部位，這是典型的「尖塔式」手勢。這種手勢代表的就是信心或一種自信的態度，表示自己對溝通的內容「很在行」、「盡在掌握」。如果你想讓自己看起來胸有成竹、自信滿滿的話，這個手勢應該可以幫到你。

注意緊張時的肢體動作

人在緊張時，會下意識地做出一些習慣性的小動作，這些小動作也會給對方洩露很多有用的信息，從而讓對方洞悉到你內心緊張的情緒。

大家可能都有過這樣的經歷：當你正準備開始比較正式、隆重的演講，或者被主管叫起來發言時，喉嚨就會忽然緊閉以致發不出聲音來，這就是因為情緒緊張、焦慮而導致喉頭中形成黏膜，阻塞了聲音的發出。為了讓聲音恢復正常，我們都會先清清喉嚨。

有的人在緊張時還會不停地搓手或扯自己的衣角，這種動作傳達給別人的信息就是說話的人對自己說出來的話毫無把握，而且正處於一種緊張的狀態之中。

有個朋友曾跟我說起過她的一次面試經歷。當時，她剛走進新公司，就感覺氣氛很怪異，辦公室裡的員工看到她之後便開始竊竊私語，眼神還不斷在她身上游離，簡直就像在看一個怪物。走進面試的會議室後，就在面試官準備關門的那一刻，她忽然瞥見面試官用力地揉搓了一下自己的雙手，她當下便感覺不妙，於是趕緊藉口上洗手間，用最快的速度衝出了這家公司。

幾天後，就傳出這家公司假藉面試的名義，強迫前來面試的人購買產品的事情。如果應試者拒絕，就會被扣押財物和證件。朋友簡直嚇得下巴掉了下來，暗自慶幸自己當時反應夠快。

我的這個朋友就是因為看到了面試官的這個緊張的動作，加上感受到的這家公司怪異的氣氛，才有所警覺，從而避免了一次災難。

對於許多家長來說，應該更熟悉類似的動作。當孩子回答不出家長提出的一些問題，或者面對家長的訓斥時，多半會有這些反應。如果孩子手裡拿著一個東西，他就會不停地搓這個東西，或者他會開始拉扯自己的衣角。所以當你看到孩子有這些表現時，就不要再繼續追問或訓斥他，否則很容易對孩子的心理造成傷害。

此外，有的人在緊張時還會坐立不安，感覺怎麼坐都不舒服，其實這既不是椅子的問題，也不是坐姿的問題，而是當時的環境和情況讓他感到了不舒服。還有些人在跟人溝通時會不停地調整自己的錶帶、擺弄衣袖，或者雙臂交叉在胸前，這些都是內心緊張不安的表現。

總而言之，以上這些肢體語言都會讓你在外人面前暴露出你的真實情緒。當然，當你發現別人有類似的肢體語言時，你也可以基本判斷出對方此刻的心理。在溝通過程中，如果你不想讓別人發現你的真實想法，就要在平時有意識地避免這些肢體語言，別讓它們在關鍵時刻成為你的情緒「叛徒」。

一眼看穿對方的微表情

在溝通時，我們都希望能洞悉對方心裡到底是怎麼想的，是不是真如嘴上說的一樣。有人說，眼睛是不會撒謊的，你只要看著對方的眼睛就能知道對方是怎麼想的，但我認為除了看眼睛以外，還要看整個面部的表情。人的臉上一共有四十多塊肌肉，其中的大部分都不是我們有意識就能控制的。也就是說，一個人的面部表情總會在有意無意間流露出很多信息，這些表情也被稱為微表情。在與人溝通過程中，如果你善於觀察，就可以從某些微表情中識別出對方的一些心思。

大家可以回憶一下自己的學生時代。上課時，老師在講臺上妙語連珠，而我們卻在座位上心不在焉，心思早不知道飛哪去了。這時候，老師突然叫我們的名字，並讓我們複述一下剛才他所講的內容。結果會怎樣？我們肯定是面紅耳赤，啞口無言，心中暗暗納悶：我剛才明明裝作很認真地在聽講，老師怎麼會發現我沒聽呢？

很簡單，老師已經通過你的表情——空洞的眼神和一些微妙的動作判斷出你根本就沒有聽課。我在講課時，也會經常發現這樣假裝聽課的學員。

那麼，人類豐富的表情是怎麼產生的呢？人的表情與大腦密切相關。前文我們也介紹了，人類的大腦中最核心的部分為腦幹，也叫爬行動物腦，它負責人類的基本生存功能，比如呼吸、心跳、新陳代謝等，還有人類生下來就具有的反應能力。腦幹連接著我們大腦中的杏仁核，掌控著人類的情緒，使我們在面對外界事物時不需要進行思考，就能產生最快、最原始的判斷和反應。由於這種反應還沒有經過大腦的深思熟慮，所以表現出來也最直接、最準確，這種反應就是我們這裡說的微表情。

微表情停留的時間有長有短，人們可以去掩飾、去遮蓋，卻無法完全消除它。所以如果足夠細心的話，很容易識別一個人內心真正的想法。那麼我們應該從哪些方面去進行觀察呢？

從面部表情猜測對方的情緒

如果一個人不能有效地控制自己的表情，那他就無法用一顆平常心來看待周圍的人和事，由此也無法在與別人的溝通中做到遊刃有餘。

有一部老電影，叫《頂尖對決》，其中有一對夫妻，當丈夫對妻子說「我愛你」的時候，有時說的是真話，有時卻是在撒謊，而他的妻子總能通過觀察他的表情來判斷他說的話是真是假。其實不僅在電影中，在日常生活和工作中，在與家人、朋友、同事或老闆溝通時，我們總能通過對方的面部表情來察覺其情緒和想法。

比如，當你跟人說話時，如果對方幾乎不看你，這通常表示對方對你的話沒興趣，或者企圖掩飾自己的某種表現。

再比如，有些人在交談時會經常咬自己的嘴唇，這其實是一種自我懷疑和缺乏自信的表現。因為人在遇到挫折時喜歡咬住嘴唇，以此來表達內疚或者懲罰自己。如果在交談中你發現對方有這個表情，說明他已經準備妥協退讓了。

除了眼睛和嘴巴外，鼻子也會「說話」。在交談中，如果你發現對方頻繁地摸鼻子或用手捂捏鼻子，其實都是在「告訴」你，他不想繼續與你交談或對你很反感，而且你向對方提出的請求也不大可能會得到滿足。

小動作中表現出來的情緒

一些不經意的小動作也能透露出人的情緒和想法。比如，當你誇獎別人說：「哇，你今天的頭髮真漂亮！」、「你今天的工作完成得很棒！」、「你這次考得不錯！」時，你就會發現對方會不自覺地撓頭，這其實是一種害羞的表現。這種行為在心理學上被稱為「自我接觸」，也就是說，當一個人的內心感到緊張不安時，會通過接觸自己身體的某一部分來緩解緊張的情緒。當你表揚一個人時，他的內心是很高興的，但又怕表現得過於明顯，於是就通過撓頭這個動作讓自己的內心稍稍平靜下來。

再如，我們經常會在媒體上看到一些名人或明星，他們在笑時會緊閉著雙唇，嘴角向後拉升，不露一顆牙齒，整個嘴唇形成一條直線。這種微笑所隱藏的含義其實是否定對方，即「我不太贊同你的意見」、「我的心裡藏著你不知道的秘密，但我不想告訴你」等等。

> 我因為工作關係，經常會與一些成功人士打交道。我發現，很多成功人士幾乎都有一個共同的習慣，那就是在被問及一些成功的細節問題時，他們總會抿嘴微笑，然後用一兩句簡單的話概括過去。後來我慢慢理解了，這其實表示他們不想把成功的細節公布於眾，所以會對此類問題產生抗拒心理。

事實上，觀察一個人無意識的微表情和小動作，不但能知道他此時此刻的想法和情緒，還能判斷出他即將產生的情感，因為肌肉的反應要比思維快得多。知道了這一點，在溝通過程中你就能在對方尚未感覺到自己的情緒變化之前，先他一步給出相應的措施。比如你發現一個人要發火時，可以提前幫他控制好憤怒的情緒，這比對方發怒後你手足無措要好得多。

●●● 眼神透露出的心理活動

人們常說「眼睛是心靈的窗戶」，很多時候，眼睛裡面透露出來的信息，是人的心理和行為的直接反應。因此，要想與對方保持最直接的溝通，除了語言之外，最重要的就是目光的交流。

當然，在目光交流過程中，眼神會發生各種各樣的變化，包括視線的移動、眨眼的頻率、瞳孔的變化等等，這些變化都會暴露出當事人的情緒變化和心理活動。而眼神之所以能發揮這麼重要的功能，主要與我們的大腦有關。

大家知道，大腦分為左右半球，其中左半球主要負責意識思維，右半球主要負責形象思維，並將其加以表現和應用。人在接收到外界傳入大腦的各種信息後，大腦首先會對其進行分類，哪些該由意識思維負責，哪些該由形象思維負責。在沒經過深思熟慮之前，這些初始信息對於大腦的刺激會使人表現出最為原始的情緒變化，人會隨之表現出各種不同的表情，而眼神也會不可避免地流露出最直接的想法。

所以，溝通時通過觀察對方的眼神變化，可以在很大程度上瞭解到對方的心理活動：是贊同還是反對，是高興還是憤怒，是意料之外還是意料之中……根據對方眼神的變化來隨時調整自己的溝通策略，溝通效果高下立判。

視線下移是在掩飾自己的膽怯和不自信

如果我們回想一下小時候被父母或老師訓斥時的場景就會發現，當父母或老師用威嚴的眼神看向我們時，我們會不自覺地把頭低下，眼睛看著地面，不敢跟父母或老師對視。這時候，父母或老師的眼神就起到了威懾作用，而我們眼睛看向地面的動作也流露出了畏懼和膽怯。

同樣，在交談和溝通中，當你發現對方的眼睛向下看，視線一直向下移動，其實傳遞出來的信息就是：「我承認你說得對。」

另外，這個動作還是自我懷疑、不自信的表現。而且這種自我懷疑會讓他們產生消極的心理和自我否定，說話做事缺乏主見、唯唯諾諾，很容易被人駕馭和支配。

有些演講者在演講時，既不看聽眾，也不看天花板，而是要嘛低著頭一直看自己的演講稿，要嘛看著地面，這表明他們對自己的演講毫無自信。這樣的演講，要嘛是演講的內容太差，演講者對自己的演講內容缺乏信心；要嘛就是演講者比較自卑，導致他們說服或打動聽眾的可能性也很低。我們基本就可以做出判斷：這是一場失敗的演講。

還有一種可能會導致你的溝通對象視線下移，就是你表現得太優秀或太招搖了，或是你多次提及對方的缺點和不足，使對方感覺與你溝通起來壓力太大，於是就會表現出這種狀態，暗示你最好換一個話題。在這種情況下，如果你能及時轉換話題，聊一些雙方都擅長的話題，引導對方多表達，讓對方也能在你面前表現出優越感，你們之間仍然會有很好的溝通和交流。

眼球快速轉動是恐懼的表現

大家都有這樣的體會：當我們進入一個陌生的環境或遇到突發事件時，我們就會快速地向四周張望，看看周圍是不是有危險。這是人的一種本能反應，但它卻暴露了我們內心的恐懼感，表示我們此時很害怕，非常缺乏安全感。通過四處張望，觀察四周的環境，可以使我們快速地確定最大安全係數，並試圖採取相應的措施來保證自己的絕對安全。

瞭解這一心理活動後，當我們與他人溝通時，如果發現對方的眼球快速多方向轉動，就表明此刻他的內心非常慌亂和不安，甚至感到恐懼，擔心你會做出一些對他不利的行為或決定。要想消除對方的這種感覺，讓溝通繼續下去，你要做的就是以輕鬆的微笑和緩和的語氣來安撫對方的情緒，減輕對方對你的抗拒，讓對方感覺到你的友善。

瞳孔變化暗示心理活動

心理學家研究發現，瞳孔的大小會隨著人所接受信息的刺激程度而改變。簡單來說就是，如果對看到的東西有好感，瞳孔就會放大，比如男人看到美女、女人看到漂亮的衣服或可愛的孩子等，瞳孔都會有這種變化。相反，如果看到的事物令人不快，瞳孔就會縮小。

二十世紀九〇年代時，香港的一些電影公司出品了很多主題為「賭」的電影，像《賭神》、《賭聖》等，裡面高超的賭技，看得人熱血沸騰。

當然，這些電影中的賭技和情節大多為虛構，但是現實中的確有一些人玩牌的技術很高超。這裡面，除了一些手法和技巧，其實最主要的原因就在於他們善於通過觀察對手看牌時的眼神變化，以此來揣摩對方手中牌的好壞。當一個人摸到好牌，必然會高興、興奮，這時他的瞳孔就會明顯變大；相反，摸到爛牌，心中不爽，瞳孔就會明顯縮小。而這一切變化，很可能就會被對手捕捉到，繼而決定自己是該跟進還是該扔牌。

還有一種情況會使人的瞳孔變大，那就是在感到恐懼、憤怒時。比如媽媽帶著孩子在外面玩，一轉眼發現孩子不見了，媽媽就會驚慌失措，四處尋找，這時媽媽的眼睛就會張得特別大，因為心裡害怕孩子會丟失。

總之，在人際交往和溝通中，對方瞳孔變大通常都傳達出這樣一種信息：「我內心的情緒正在慢慢凝結……」在這個過程中，內心情緒的激烈變化會導致血液迴圈加速、心跳加快，呼吸也變得急促，因此他們亟需通過表達自己來釋放情緒。表現在眼神中，就是瞳孔的突然增大，此時對方的抗拒和戒備心也是最強烈的。

面對這種情況時，如果你還給予對方強烈的刺激，想要硬碰硬，不用想，你們的溝通瞬間就會崩裂。相反，如果你及時煞車，採取緩和的語言或措施給予對方一定的安全感，比如面帶微笑、表情友善，或迅速轉移話題，給予對方相應的肯定和認可等，讓對方覺得你是沒有攻擊性的，對方的激烈情緒找不到發洩點，自然就會平息下去。接下來再進行溝通，就會容易得多。

展現高能量的身體姿態

在與人溝通的過程中，常常有一些讓我們想不明白的地方，比如，明明感覺自己已經說得很清楚了，可對方就是不懂；或者，自己明明「沒那個意思」，對方偏偏認為「有那個意思」；或者已經解釋了很多遍，對方仍然無動於衷……通常我把這種情況叫作「自己爽了，別人不爽」。

客觀來說，語言是一種很不精確的工具，同樣一句話，不同人來說，用不同的語氣聲調來說，都會帶給別人不同的感受。有時候我們只顧著自說自話，卻沒有仔細觀察對方聽了我們的話是什麼反應，一廂情願地表達自己想說的話之後，就以為溝通完成了。這是不行的。

在溝通中，語言固然是主要的溝通工具，卻不是唯一的溝通工具。除了語言之外，面部表情、身體姿態等，都會傳達出一定的信息，甚至在某些情況下，這些非語言的行為可以取代語言，展現出溝通者最為真實的一面。

你去朋友家做客，聊著聊著天色已晚，你起身準備離開時，朋友可能會對你說：「再坐一會兒吧，沒關係。」這時候你會發現，他的雙手早已支在雙膝上或椅子扶手上。這多半意味著，他雖然嘴上在挽留你，內心其實已經在說：「你早該離開了！」、「你終於要走了！」如果此時你不知趣地又坐下接著跟他聊，很快就會發現他會表現出心不在焉甚至不耐煩的情緒。

在溝通過程中，不論是我們自己，還是我們的溝通對象，都會呈現出各種不同的體態語言。如果你觀察夠仔細的話，你就能發現在一些開心、喧鬧、張揚、對未來毫不擔心的表象下，其實對方的內心充滿了焦慮和彷徨；你也能發現一些表面和諧相愛的夫妻，其實婚姻早已觸礁……能夠洞悉一些體態語言所傳達出來的真實含義，將有助於我們實現更加高效的溝通。

運用與生俱來的驕傲姿態

經常看體育賽事的人應該都會注意到，運動員獲勝後，通常都會做出這樣一個動作：雙手握拳，雙臂高高舉起，挺胸抬頭，敞開懷抱。相反，失利了的運動員則會做出雙肩下垂、含胸縮背的動作，哪怕有機會去領獎，站在領獎臺上也多半表現得縮頭縮腦。

這種姿勢並不是後天形成的，而是一種與生俱來的認知。因為即使是殘奧會中雙目失明的運動員，在贏得比賽後也會出現同樣的肢體語言，但他們卻從未見過其他人是怎樣表達驕傲和勝利的。

這兩種姿態其實都是從動物身上延續到人類身上的，前一種姿態就是我們前面提到的擴張型姿態，後一種則稱為收縮型姿態。這也說明，當我們狀態良好時，就會自然地擺出一種擴張型的驕傲姿態，此時我們體內的某些激素水準也會增加，從而協助我們更加有力地掌控局面，保持勝利。

心理學家曾做過一個很有趣的統計，他們把世界盃上所有射點球的鏡頭都拿來觀察，看運動員在當時表現出什麼樣的體態語言，最後發現了一個很有意思的規律，就是所有射失分球的人，一開始都不敢看守門員的眼睛，在出腳前也表現得很猶豫，身體看起來也不那麼鎮定；相反，那些射得特別準的運動員都是盯著對方直接走過去，然後一腳射進。這就說明，你的體態會給你帶來相應的自我引導，而自我引導又將決定你最後的表現。

這其實也提醒我們，在我們要進行一些具有挑戰性或比較有壓力的溝通之前，應適當運用這種擴張型的姿態來激勵自己，幫助自己增加能量，讓自己對即將到來的溝通充滿信心，而不至於還沒開始就敗下陣來。

正確運用體態語言的溝通力量

有研究表明，在溝通中採用擴張、開放的姿態，不僅能促使我們的心理和行為發生變化，還能改變我們的生理狀態。比如，當你保持直立挺拔的站姿或坐姿，同時下巴微微抬起，與對方交流時能適時點頭、微笑等，都會讓你產生一種自信的力量，這種力量會影響接下來的行為。

但運用這些擴張型的體態語言時也要注意，擴展的姿態不要太大，比如搖頭晃腦、蹺二郎腿，或者跟人說話時用手指對方，甚至揮舞拳頭，這些姿態雖然也屬於擴張型的，卻顯得你很沒禮貌，或者過於咄咄逼人，令人退縮。

假裝自己已經達成溝通目標

我們都知道意志力的強大作用，卻忽略了體態語言的神奇力量。在與人溝通過程中，我們的體態語言不僅影響著他人對我們的印象和看法，也影響著我們對自身的感覺。如果我們假裝自己已經達成了溝通目標，然後以高能量的姿勢來調整自己的狀態，打造強勢的心理，通常經過短暫的調整後，我們的情緒狀態就會被調動起來。然後再去溝通時，你就會發現自己沒有那麼焦慮了。

我現在很喜歡做一些伸展動作，比如抬頭挺胸、擴胸運動等等。以前我只知道在運動過程中，人體會釋放多巴胺，這種物質能讓人變得快樂，但現在我越來越體會到，這些拉伸動作可以為我們帶來高能量的姿態，從而讓我們在溝通時能夠展現出良好的狀態和得當的體態語言。

這種方法與我們後面即將談到的心理暗示比較相似，所以以後大家應該多注意自己的姿勢形態，讓自己時刻保持在高能量狀態之中。只有在身體展現出高能量的時候，我們才能吸引更多同頻的人，溝通也會變得更容易。

利用心理暗示調節自己的狀態

人類的所有行為都是受意識支配的，意識又可以分為顯意識和潛意識。其中，顯意識是我們的大腦經過深入的理性思考後產生的想法，而潛意識剛好相反，它是不經大腦思考就產生的一種下意識的反應。但潛意識的力量要比顯意識強大得多，這一點我們在前面闡述過，而且潛意識的力量中，還有一部分屬於心理暗示的力量。

著名心理學家巴甫洛夫曾構建了條件發生理論，他認為，暗示是一種人類最簡單、最典型的條件反射。從心理機制上來說，它是一種被主觀意願肯定的假設，不一定有科學根據，但由於人們在主觀上肯定了它的存在，所以心理上就會竭力趨向於這項內容。

我曾講過《向前一步》這本書，作者謝麗爾・桑德伯格在書中提到一個概念，叫「冒充者綜合症」。什麼意思呢？就是你雖然是個博士，但如果你經常在內心中覺得「我這個博士頭銜是騙人的」；或者你本來是個創業者，可你總覺得「我根本不是個好的商人，我在浪費大家的錢」……這樣一來，你的內心就會產生一種「冒充者」的感覺。哪怕你本來做了很多有意義的事，也仍然會在內心中不斷質疑自己，覺得自己不像那麼回事兒，說話做事也缺乏自信和底氣。

這就是心理暗示的作用，這種感覺就像那句很紅的話說的那樣：「我聽過了那麼多的道理，但依然過不好這一生。」

但是，心理暗示不光有消極的一面，它也有積極的一面。

閱讀《高能量姿勢》這本書之後，我發現這本書解決了一個長期以來困擾我的問題，即人到底有沒有狀態這回事。比如，我就是個特別需要狀態的人，因為我經常要去參加各種演講，如果我的狀態很好，整場演講下來不但不感覺累，還能臨場發揮出各種天馬行空的段子來；但如果我的狀態比較差，雖然外人可能看不出來，我自己卻有很明顯的感覺，就是覺得越講嗓子越緊，有時原本能發揮的地方也忘記了發揮或發揮得不好。所以我時常在想，這會不會就是受到了心理暗示的影響？

後來通過閱讀和思考，我越來越確定，這就是心理暗示的作用。當你感覺自己狀態很棒的時候，往往會表現出很多積極的行為；反之，你的行為就會受到消極情緒的影響。在任何一種溝通和交流中，心理暗示都會對你產生影響，不論你是不是具有出色的口才或圓滑的交際能力，它對你的影響可能都是你想像不到的。

在《快思慢想》一書中，作者丹尼爾．康納曼提到了一個有趣的案例，說在一間辦公室中，職員們一直自掏腰包買茶或咖啡，然後把每杯茶或咖啡的建議價格寫下來貼在牆上，誰去裝茶或咖啡時，就把相應的費用投入下面放置的一個「誠實盒」裡。有一天，有人在價格表上方貼了張橫條，然後在接下來的十週中，每週橫條上都貼一張新圖片，要嘛是一雙正盯著人看的眼睛，要嘛是一些鮮花的圖片。結果十週後，「誠實盒」裡的錢數有了明顯變化。貼眼睛圖片的那幾週，盒子裡的錢明顯要多於貼鮮花的那幾週。

為什麼會這樣？丹尼爾．康納曼認為，這其實就是一種微妙的暗示在無聲的溝通中發揮作用。人們去裝茶或咖啡時，看到圖片上的眼睛，就像自己的行為正被人監視一樣，即便他不想多投錢，也會在這種「監視」下自覺改善自己的行為。

這一系列感覺和行為背後，不就是心理暗示在起作用嗎？

既然心理暗示有這麼明顯的效果，那我們是不是可以把它運用到溝通中呢？或者說，在人際溝通中如果通過巧妙運用一些心理暗示，是不是就可以提升自己的能量姿態，讓自己收穫最佳的溝通效果呢？答案當然是肯定的。

引導對方點頭

如果你在發表某種觀點，並且想說服對方，就可以在闡述觀點的同時多創造一些讓自己和對方點頭的機會，這樣就會給對方造成一種心理暗示，讓對方認為你的觀點都是有用的、正確的。

用緩慢的語速說話

我們應該都有這樣的感受：當我們急於表達自己的觀點時，語速就會加快，因為此時我們心裡很緊張，生怕對方不相信自己、不接受自己的觀點。但我們的這種表現在對方看來恰好就像我們擔心的那樣，認為我們是在急於證明自己，而越是這樣就越給人一種不可信感。

相反，如果你能放緩自己的語速，清晰、有條不紊地說話，就會給對方另一種暗示：你正在信心滿滿地闡述自己的觀點。而且更重要的是，你自己也能感覺這樣說話很有自信。

用表情和肢體動作改變情緒

每個人在人際溝通過程中都不可能一帆風順，總會有溝通不順暢的時候，這時我們的情緒就會受到影響，比如變得焦慮、煩躁，從而影響溝通的效果。而且當你情緒不佳時，還會通過一些微表情和肢體語言表現出來，被對方抓住「小辮子」，於你更加不利。

所以，一旦出現溝通不順暢，我們要及時調整自己的狀態，用積極的心理暗示來取代消極的心理暗示。比如，讓自己嘴角上揚，來一個大大的微笑；或者舒展身體的姿勢，讓自己的身體占用更多的空間，在空間上呈現出擴展的狀態。這些都有助於增加自己的信心，讓自己的內心能量滿滿，同時還會給對方一種暗示：「我是自信的」、「我是能夠掌控局面的」、「我是可以讓溝通繼續下去的」。

事實上，我們遠比自己想像中強大得多，只要善於運用高能量的表情、動作、語言來暗示自己，讓自己的心理和情緒都處於顛峰狀態，那麼每個人都是一座金礦，都可以在人際交流和溝通當中獲得事半功倍的效果。

Chapter 9

讓文字發揮力量

相較於面對面的語言溝通，文字溝通會給溝通雙方更多的思考時間，同時在傳遞語氣和情緒方面也更考驗智慧。

讓文字溝通更專業和精準

文字在我們的生活和工作中起著舉足輕重的作用。從古至今，人類彼此之間傳達的信息大部分是由文字構成的，即使我們用嘴說出來的語句，也都是由一個個文字組成的。

如今，各種高科技產品的出現，讓文字表達的影響力日漸減弱，手機、電腦等各種先進的通信設備取代了以前的寫信、傳紙條等溝通方式。但是，這並不是說文字溝通就不重要了。在一些特殊的情況下，文字溝通仍然起著不可替代的作用，比如在各種報告、提議、合約、指示、規章、計畫和各種討論檔中，文字的表現力和溝通力比語言溝通更加專業和精確。

有位主管口頭給下屬下達指令，要下屬盡快詳細地整理會議紀錄。這個指令乍一聽好像沒問題，但認真想一下就會發現，它沒有確認必要的信息提示，是哪天的會議紀錄？是一次的還是所有的？「盡快」是多久？整理之後交給誰？這些都沒有說明。

信息傳達不完整，就會導致很多不確定的因素出現，這樣信息接收者就只能通過再次詢問獲得準確的信息，結果增加了溝通的時間成本。溝通反反覆覆進行，效率自然就低。

同時，在運用口頭語言傳遞信息時，還可能導致信息在傳遞過程中出現異變的情況，即一方說出的信息是A，到接收者那裡就變成了B。之所以出現這種情況，一是因為發布信息的人語言表達能力較差，沒有清晰、準確地傳達信息，導致信息出現異議；二是信息接收者的理解能力較差，對信息的理解產生了偏差；或者信息在傳遞過程中經過了中間傳達人員，這個傳達人員誤解了信息發出者的意思。

以上情況都屬於低效溝通或無效溝通，在我們的生活和工作中十分常見。一般而言，這些失敗的溝通都是由主觀原因導致的，例如：

- 有的人在下達任務或彙報工作時抓不住重點，說了一大堆也沒說到關鍵問題上，這樣的溝通就難以獲得積極的效果。
- 有的人溝通時自命不凡，對其他人的觀點嗤之以鼻，也不尊重別人的表達，這也難以獲得其他人的認同。

- 有的人說話缺乏邏輯性，語言表達能力欠佳，在溝通時也難以完整地把信息傳達出去。

以上這幾種常見的語言溝通方式都會導致溝通無效，但如果採取書面文字的方式溝通，就會在一定程度上避免這些問題。尤其當涉及一些比較專業的溝通時，文字溝通往往要比語言溝通更高效。

配合電話或會議

當你就一些比較重要或專業的事情與別人溝通時，即使可以打電話或開會，也最好在打電話、開會之前或之後以書面的形式把信息傳達給對方，如其中的關鍵事項、圖表、價目表、規格等。這樣一來，雙方在打電話溝通或開會時就能清晰、詳細地進行交流，而不必再討論其中的細節或某些資料。

如果是打電話溝通，在打完電話後最好再發個傳真或電子郵件給對方，讓對方對你們的溝通內容印象更深刻。

商務類書信的溝通

商務類書信也是文字溝通的一種，可達到有效的溝通目的。因為在溝通之前，寫信人需要認真地考慮溝通的對象、原因、內容、時間、地點等內容，而要寫好這封信，還必須找出各種背景材料，並認真做好筆記，這樣在寫信時就不會遺漏重要內容。

在運用商務類書信進行溝通時，你就像是一個公司的大使，既要準確地表達出公司的態度，又要盡量向對方表達出友善。比如，公司收到了顧客的投訴信，按理公司無須賠償，這時你就要採用「拒絕賠償信」的模式來書寫，用恰當、準確而又不失客氣的文字表達出公司的決定。

求職時要運用文字溝通

我相信，你一生中寫過的最重要的信可能就是求職信了。求職信寫得好，不但能給求職單位留下深刻的印象，還能讓面試人員從中直接看到你的優點、強項、工作經歷等。但如果你直接用口頭語言告知對方，可能就會因為內容較多或你的表達不完整等，導致對方記不全或記混，讓你白白失去一些好的工作機會。

總而言之，在一些特定的溝通環境中，文字溝通比語言溝通更能恰如其分地表達出溝通雙方的意見和意願，並且使傳達的信息、下達的指令、解釋的事情等更加清晰、明確，不致引起誤解。

發揮文字溝通的優勢

溝通不但考驗我們的語言表達能力，還考驗我們的頭腦反應能力、肢體動作、眼神交流、說話的語氣語調及情緒反應等，這也使面對面的語言溝通變得難度很高。

我的一位朋友曾對我說：「我最怕各種面對面的溝通，生怕自己語言表達能力不行。每次溝通完了，我都會複盤自己剛才的表現，發現簡直是弱爆了！我明明能說得更好，但真正交流起來就無法控制。」

有人可能會說，現在都是高科技、無障礙溝通的時代了，幹嘛非要面對面溝通呢，用語音電話不就行了嗎？

語音電話這種溝通方式確實比面對面溝通要容易許多，因為不需要在意自己的肢體動作、眼神交流等，哪怕你穿著睡衣躺在床上也能跟對方進行工作方面的語音溝通。但語音溝通對人的大腦反應速度、語氣語調、情緒等同樣有要求，畢竟我們能從對方的聲音中感知到對方的情緒和態度。

難度係數最小的溝通方式就是文字溝通，雙方誰也看不到對方的肢體動作、眼神、表情、情緒變化，也聽不到對方的語氣、語速等，更不需要發揮「表演專長」，能夠輕鬆很多。下面這些文字溝通方面的優勢，我想大家一定都很有感觸。

給彼此留下思考反應的時間

現在很多人都習慣用微信溝通，但不管什麼時候，微信的視訊或語音溝通都會讓人有種緊迫感，相比之下，文字溝通就會好得多。

兩個朋友正在用微信視訊聊天：

A：兄弟，我最近在老家看上一套房子，頭期款還差點，想跟你借三萬塊周轉一下，怎麼樣？不會拒絕我吧？

B：（腦子飛速旋轉，其實卡裡有錢，但借給對方的話，萬一自己急用對方還不了或不能按時還怎麼辦？不行，不能借。但又不好直接拒絕，於是只好拿出最真實的演技，用最誠懇、「最無奈」的語氣來拒絕。）哎呀，真不是不借給你啊兄弟，我這也剛買了房，還貸壓力大啊，口袋都被掏空了，對不起啊……

如果用語音溝通的話：

A：兄弟，我最近在老家看上一套房子，頭期款還差點，能跟你借三萬塊周轉一下嗎？兩三個月後就能還你。

B：（腦子也在飛速旋轉，因為是語音溝通，最慢也要在兩三秒內回答。）不是不借給你呀兄弟，我最近也剛買了房，還貸壓力大啊，口袋都被掏空了。要不然，你再問問別人？

如果用文字溝通：

A：兄弟，我最近在老家看上一套房子，頭期款還差點，能跟你借三萬塊周轉一下嗎？兩三個月後就能還你。

B：（自己暗暗思考了三分鐘，然後回絕。）不是不借給你呀兄弟，我最近也剛買了房，還貸壓力大啊，口袋都被掏空了。要不然，你再問問別人？

與面對面溝通和語音溝通相比，文字溝通缺少了面部表情、肢體語言和語調語氣等信息的支援，表達情緒和感受的力度就會弱化很多。但正因為這種缺失，使文字溝通隱藏了很多真實的信息，並且給予溝通雙方以足夠的時間來思考和反應，不但要斟酌如何回覆才不會傷及對方的自尊心，還要推敲回覆內容的邏輯是否恰當，每個字、每個標點是否能準確地表達自己的情緒和想法。

更重要的是，文字溝通還避免了面對面溝通和語音溝通中的一些尷尬，比如拒絕別人、被別人拒絕等，都是很令雙方尷尬的。但用文字語言表達時，彼此的心理壓力就會小得多，而且能達到目的。因此在很多時候，文字溝通也是三種溝通方式中最有效、最合適的一種。

增加溝通的可信度

前文我們說過，在職場溝通中，一些通知、指示、工作安排等都會用文字的方式來傳達，目的就是為了增加溝通的準確度和可信度。尤其在可信度方面，文字語言表達的優勢要遠遠高於口頭語言。

當有朋友跟你說：「等我以後發達了，我就把財產分你一半。」這當然是一句玩笑話，說者無心，聽者也無意，為什麼？

因為缺乏有效的證據。就算這個朋友日後真的發達了，有了千億身家，你也不可能以這句話為依據去跟對方索討，對方承認不承認說過都沒關係，就算承認說過，沒有文字證明，你就算打官司也贏不了。

所以，當你要某人給你保證什麼時，通常都會說：「那你給我立個字據吧！」這個「字據」是什麼？就是用文字方式來表達彼此之間的一種契約，它是具有法律效力的，因而也更加有可信度。

讓文字溝通更高效的四個方法

在日常生活和工作中，我們常常發現自己的溝通存在很大問題，有時我們很想跟對方交流，對方也表達出良好的溝通態度和意願，結果我們卻發現自己說話詞不達意，難以順暢地表達自己的想法和觀點，雙方的溝通也會陷入困境。

在這種情況下，如果可能的話，我們可以用文字語言來代替口頭語言進行溝通，將自己的想法和觀點清晰、準確地寫出來發給對方，讓對方領會你的想法。

那麼，我們怎樣才能進行有效的文字溝通呢？

溝通目的要明確

與語言溝通一樣，利用文字進行溝通時也要目的明確。在用文字向對方傳達自己的想法和觀點時，你首先要弄清楚為什麼要這樣寫，你希望對方看後有哪些反應，你最終想要實現的目標是什麼……提前弄清這些問題再動筆，就不會出現目標模糊、不知所云的情況。

信息傳遞要完整、準確

在利用文字進行溝通時，一定要確保你所傳遞的信息是清晰、完整的，如果觀點模糊、表達模稜兩可，甚至連自己都不確定，很可能就會導致接收方無法獲得全面、有效的信息，從而做出錯誤的判斷或陷入困惑之中。

比如下面這些表達方式：

- 「我們明天去逛街吧，但我錢不多了，我的文案還沒設計完呢！」
- 「我看到你們在群組裡的爭執了，你的想法有道理，××的想法也不錯。」
- 「明天出去旅遊，今天晚上準備一下。」

……

如果對方收到的是這樣的信息，你覺得對方能知道你真正要表達的是什麼嗎？我想不能。

所以，依靠文字傳遞信息，一定要讓你傳遞出去的觀點清晰、準確、完整，不要帶有容易引起歧義的話，以免整個溝通出現紊亂。

行文簡潔，重點突出

簡潔是效率的直觀體現。通常來說，簡潔的語言往往更容易說清自己的觀點，並容易被人理解。正因為如此，在溝通時應盡可能保證語言的簡潔，不要囉唆，也不要說得太複雜，要以最少的內容把自己想說的事情表述清楚。

同時，簡潔的表達中還要突出重點，讓對方一看到這些文字表達就知道你要幹什麼、你溝通的目的是什麼，如果內容表述混亂、廢話連篇，只會惹人厭煩。

下面這兩封信，文字的表達水準一眼即可看出高下：

尊敬的××先生／女士：

我已經間接獲悉貴公司正在尋找一家公司為其所有部門安裝電腦。作為一個完全能令人放心的公司，我確信我公司定能被指派。曾經為貴公司服務過的人，曾多次強調我們能夠勝任此項業務。我也是個非常熱情、誠實的人，對於與您相會的可能性，除非另行通知，我在週一、週三和週四下午不能去拜訪您，這是因為……

這是一家公司的負責人想要爭取某大型公司的電腦訂單而給對方公司主管寫的一封信，但這封信不但內容表達混亂，還廢話連篇，語言毫無邏輯性，很多話都非常突兀，讓人讀起來不知所云。

再看下面這封信：

××先生：

您好！這是來自××公司的一封信，繼我們上週的電話溝通後，我很高興能夠再郵寄給您一本我公司的最新產品宣傳冊。您曾表示過貴公司對安裝新型電腦軟體頗有興趣，我相信我們的產品和服務都符合您的要求，會讓您滿意。

期待您的回音，並期望能夠與您建立愉快的合作。

對比後發現，第二封信的內容既簡潔又清晰，更重要的是重點突出，說明了寫信的原因和希望達到的目的，讀起來也很讓人舒服。

語言表達恰當、合理

有些時候，我們還需要用文書來回覆他人的信件、請示等，以達到彼此溝通的目的。在這種情況下，我們就要注意文字的表達一定要恰到好處。

比如，當你給予對方肯定的回覆時，如同意某種請示、願意為對方提供一個機會或一些好的消息時，就可直截了當地給對方傳遞出這個好消息，讓對方高興，然後再解釋一下這個消息，消除對方可能產生的疑問。最後再用恰當的祝願結束文書，使對方感覺你正在分享他的快樂。

當你要向對方傳達否定的信息時，如拒絕對方的某種要求或傳達一個壞消息給對方，可以以自然漸進的方式來表述，為對方接受壞消息做鋪墊，如在給出壞消息前先給出一些背景信息進行暗示，讓對方有心理準備，然後再清楚、準確地給出壞消息，不要讓對方產生誤解。最後可以用良好的祝願結束文書，但不要為壞消息進行任何辯解。

當你要向對方傳達某種指示信息時，如指示對方進行某項工作、開展某些活動或提供某些信息等，開頭一定要生動，讓對方產生興趣，然後再清晰地表述出事實、要求或建議，並清楚地指示對方該如何去做，最後別忘了要鼓勵對方克服困難，盡快完成任務。

總之，高效、專業的溝通注重的是一種溝通上的平衡，即表達者所表達的內容一定能迎合接收者的需求，而接收者也能適當地理解和接受表達者的立場。要想通過文字語言進行表達，就一定要把握這個規律，同時注意溝通細節，這樣你的溝通就一定能達到期望的效果。

Chapter 10

善用溝通力，提升決策力和影響力

在需要做出決策和提升影響力時，高效的溝通力至關重要。出色的溝通力不僅能緩解你的緊張情緒，還能讓你的發言更加吸引人，獲得聽眾的共鳴。

如何在會議上高效溝通

開會，對於每個人來說應該都不陌生，這是我們工作和生活中比較常見的一件事，比如小型的家庭會議、公司例會、專案研討會、客戶見面會等等。同時，開會也是一種常見的溝通方式。但是，儘管我們經常參加會議，這些會議中能夠稱得上是高效會議的卻相當有限。我相信很多人都有這種感覺，很多會議雷聲大雨點小，浪費了大家不少時間和精力，卻毫無結果。

會議原本是工作當中必不可少的一種溝通手段和工作展現方式，為什麼卻變成不參加不行、參加又浪費時間的「雞肋」了呢？我想這其中的原因有很多，比如：會議缺乏準備，目標不明確；會議流程不清晰，開著開著偏題了；本來跟你的工作沒太大關係，組織者為了湊人數硬要你來參加；流於形式，沒有實質內容等等。雖然這些會議都屬「雞肋」，但也都需要參與會議的人員投入一定的時間和精力，因此令他們感到非常疲憊甚至厭煩。

那麼，一個可以實現高效溝通的會議標準是什麼樣的呢？我認為應該具備以下五點：

會前準備充分

任何一次會議，不論主題是什麼，事先都要進行充分的準備，會議的目的、會議的議程等，都要進行認真的籌劃和準備，否則會議的效率就很難提高。

在召開會議之前，還要留給會議的各個參與方足夠的準備時間，並在正式召開會議前積極認真地徵求各個參與方的意見與建議，鼓勵參加會議的人員進行溝通交流，促使他們在某些方面達成一致，從而盡量縮短會議時間，提高會議的溝通品質和效率。

與會人員角色明確

在會議召開之前，應該確認會議當中的哪些人分別承擔什麼角色。比如根據會議的內容，確定由誰來負責召集此次會議，誰負責主持會議，誰負責會議記錄，誰負責整理會議綱要等等，這些都要梳理清楚。

對於與會人員的選擇也應遵循少而精的原則，與會議主題有關聯的人員可以參加，但不要為了顯示對某些人的尊重或盲目追求會議規模，讓大量無關人員參加，從而浪費大家的時間。參加會議的人員中有誰需要發言、哪些需要旁聽等，也要事先確認。正所謂，「一個蘿蔔一個坑」，每個參與會議的人員都不是多餘的，會議的效率才有可能提高。

學會換位思考

這一點我覺得非常重要，大家有必要重視起來。

我曾做過一個實驗，就是舉了個案例：我先讓公司的生產部門生產一個產品，然後告知銷售部門按時給客戶交貨。結果，這兩個部門之間產生了矛盾：銷售部門與客戶談妥後簽訂了合約，明確規定了交貨時間，但當把合約拿給生產部門看時，生產部門卻說根本不可能按時交貨，因為生產不出來，理由是採購部門沒有採購到足夠的原材料。然而採購部門給出的理由是：沒錢，因為銷售部門沒回款，沒錢拿什麼去買材料？就這樣，三個部門互相踢皮球，我要給他們開會處理這些問題，這個會議該怎麼開？

我是這樣做的：首先，第一輪會議很簡單，就是讓每個部門把自己面臨的困難都詳細地寫出來，然後讓部門主管看看自己部門所面臨的困難，最後再在下面寫上所在部門必須遵守的三個底線是什麼。

比如，生產部門的困難是沒有材料，沒法生產；底線是加班時間不能超過十二個小時以及不能再額外增加工人等。銷售部門也給出了自己的底線，比如必須按時交貨，不能超過××時間。採購部門提出的底線是必須先回款再採購等等。每個人都想守住自己的底線。

列完這些之後，會議正式開始。對於那次會議，我至今都歷歷在目。在會上我基本什麼都沒講，就看著他們三方在吵架，一直吵了將近兩個小時，最終問題也沒能圓滿解決。

最後輪到我總結時，我問他們：「你們覺得爭吵能解決問題嗎？」他們說，他們平時就是這樣開會的，各個部門都在為自己據理力爭，但最終也討論不出一個讓每個部門都能接受的方案。

我說，既然如此，我們就換一種方式。

第二次會議時，我做了一個小小的調整，就是在他們的材料下面留出幾處空白的地方，讓他們寫一下自己部門還有哪些可以妥協的地方，比如：你的部門還有哪些空間可以去嘗試？你手中的許可權還有哪些沒有得到開發？如果實現雙贏的話，我們有哪些可能性？如果要延遲交貨，還有哪些可能性等等。

這樣做的目的，是為了讓所有參與會議的人在開會前都能導入性地思考問題。這是很容易做到的，因為人特別容易受到導入性問題的影響。我沒跟任何一個人說：「你要換位思考一下，你要努力替對方想一下。」因為直接這樣說他們是不能接受的，甚至會反問你：「憑什麼？」、「為什麼要我換位思考，他怎麼不換位思考一下？」所以，我沒有做這樣的要求，只給他們列了幾個問題，讓他們自己去寫。

當大家經過思考寫下自己的想法後，會議重新開始，結果這次半個小時就搞定了。因為這次每個部門的人都主動站出來為大家提供方法，如生產部門說：「我們也可以稍微多加一會兒班，盡量趕製。」銷售部門說：「我們可以嘗試去跟客戶再溝通一下，看看能不能分批交貨。」採購部門說：「我們也去跟原料商談一下，看能不能分期付款。」

由此可見，當大家都能夠換位思考，願意替對方解決問題時，溝通的效率就會變得非常高。但如果一開始我就讓大家這樣做，每個人都不會答應，擔心自己讓步了，別人就會得寸進尺。而當每個人都學會換位思考後，問題反而變得簡單了。因此我建議大家以後在開會之前，不妨也讓與會者各自說一下自己的工作還能有哪些彈性和空間，或者還有一些什麼樣的可能性，以及各自還有些什麼樣的手段等等，這些對於提高會議上的溝通效率都非常有效。

在《增長黑客》這本書中，就有一個非常有趣的設計。公司高層設計了一個增長小組，這個增長小組很特殊，它不是完全由某一個部門的人組成，而是由幾個跨部門的專業人員共同組成。其中有技術部的、有產品部的、有市場部的、有客服部的、有資料分析部的，幾個人組合在一起，成為一個增長小組，目的是實現高效的溝通，專注目標增長。當這個增長小組要完成一項任務時，他們彼此之間配合起來也特別容易。為什麼會這樣？

原因就在於，小組中的每個成員都非常清楚自己部門的做事方法，所以一旦某個環節出現問題時，負責該環節的成員就會立刻拿出本部門解決相應問題的最佳方案，非常高效。

反之，如果不是在這個小組當中，當公司的某項業務出現問題，需要幾個部門進行協調時，很可能就會出現各部門相互推諉的現象。因為大家都站在自己的角度來考慮，不會換位思考，那麼溝通自然就不會順暢，即使開會討論效率也不會高。

因此，換位思考這個標準，是實現會議高效溝通的一個非常重要的底層要求，如能在實際工作和生活中靈活運用它，定能受益無窮。

會議要充滿創意

一般來說，我們開會的目的是希望集思廣益，和與會人員一起碰撞出更多的想法，或者就某個問題做出決策。但如果你想在會議中獲得更多想法和創意，就要用到「頭腦風暴法」這個工具。關於這種方法的具體運用，下一節我們會有詳細介紹。

流程科學有序

在會議中運用頭腦風暴法時一般不做決策，大家只需暢所欲言地提供想法，但如果是需要做決策的會議，很可能會出現踢皮球、流程混亂的情況。大家在會上發言毫無程序，每個人都站在自己的立場上，而且人越多，爭論越多，結果爭到最後也得不出什麼有用的結論。這顯然不是什麼好現象。

怎樣才能讓會議不淪為爭吵大會呢？英國思維大師、專門研究大腦思維問題的愛德華・德博諾教授提出了一個方法，叫「平行思維法」，運用這種方法來引導會議流程，就能讓會議變得科學有序，並且最終引導達成會議決策。

利用頭腦風暴法激發創意

在《史丹佛大學最受歡迎的創意課》這本書裡，作者提出了一種方法——「頭腦風暴法」，這是一種很適合在會議中運用的方法。

「頭腦風暴法」有個很重要的原則，即每個人都要事先對即將探討或解決的問題進行思考。具體來說，就是在沒召開會議之前，你的腦海中要先形成一套解決方案，即使不全面也沒關係。這時候你的想法和方案是不受別人影響的，然後將這些想法或方案落實到紙上。等會議正式召開時，每個人拿著自己這份提前準備的方案輪流發言，把自己的想法說出來。而且在發言過程中有一個非常重要的原則，就是不討論、不批評、不指責。

「頭腦風暴法」的優勢在於，它可以激發參會人員的創意思維能力，讓所有與會者都能自由表達，然後大家從中發現精采的論點和優秀的創意。在這個過程中，與會者還可以在聽取他人發言的基礎上，結合自己的想法得出新的創意，並且將這些創意在會議中分享。通過彼此間的這些溝通與互動，與會者之間的思維碰撞就可能產生更多的靈感，為解決問題提供更多的創意想法，促進會議決議的產生。

但是，很多公司在開頭腦風暴會議時都感覺很難，因為大家都沒什麼有創意的想法，坐在一起就為了等主管說話、出主意。還有一個原因就是大家覺得自己說了也不算，最後還是主管說了算，還不如不說。這樣的頭腦風暴會流於形式，難以產生和獲得更多、更有效和更新穎的創意，也解決不了實際問題。

我在給EMBA班上的學生上課時，曾設計了一個頭腦風暴法的案例。當時牛肉拉麵館在市面上很紅，也很賺錢，於是大家就提議說我們開個牛肉拉麵館，然後一起來討論如何為這個麵館促銷。在這個會議上，每個人都提了很多提議，列了一大堆的促銷方法，大家都覺得很興奮，沒想到開個麵館原來也可以有這麼多想法。但我一直在提醒大家，這些只是想法和觀點，我們可以在會上評估這些想法和觀點，讓方案更加優化，但這種會議不是決策會，大家一定要弄清頭腦風暴會議的核心。

我相信很多人都曾遇到開會時氣氛沉悶、效率低下、毫無創意等情況，究其根源，就是因為會議的組織者沒有注意或充分激發出團隊中各成員的創意思維，也沒有充分鼓勵大家積極表達自己的想法。而要解決這個問題，頭腦風暴法就是一種比較有效的方式。要知道，人類思維本來就有局限，很難人為地克服，而頭腦風暴法恰好對其進行了彌補。

不論是在開會時，還是在其他時候，一旦找到了解決方案，我們的相關思維就會停止。比如，對於一個問題，有人提出了一個解決方案，大家聽了覺得可行，多半就會直接敲定，很少再去進行詳細的分析。然後就會動手去實施，這樣做等於放棄了繼續尋找更有效的解決方式的努力。簡而言之，找到一種解決問題的方式，便扼殺了創造更好結果的其他可能性，這無疑是創意收集中非常令人遺憾的事情。

頭腦風暴法恰恰改變了人們的這種惰性，它要求與會者每個人都盡可能地提供各種方法，哪怕是一些奇異的、瘋狂的觀點也可以，因為通過這種方式可以激發出更多的新觀點、新創意。

在會議中應用頭腦風暴法要遵循下面兩個原則：

對提出的意見不討論、不評價

這是頭腦風暴法的一個重要原則。任何一種觀點或意見的提出，都是為了找到最佳的解決方法，所以對於每個人提出的觀點或意見都一定要在會議結束後再進行評價，會議過程中只需記錄即可，這也會使我們在頭腦會議中花費的腦力最小化。

某次會議的主題是討論怎樣增強客戶服務的滿意度。團隊中有人提出了一個意見，另一個人立刻提出反對，然後這兩人就開始對此展開了討論。這樣做，無疑會讓整個會議的方向發生偏差。

更嚴重的是，其他與會者會心想：看來在這種場合提出自己的意見是要冒著被批評、被指責的風險的，那不如不提，讓別人去提好了。如果反駁的人是管理者，其他人就更不敢再提不同意見了。如此一來，會議就無法收集到足夠的意見和信息，會議效率也會大大降低。

在看待一個問題時，每個人的大腦中都可能會有一些有效的觀點和獨特的視角。如果每個人的意見都能在一種平和的氣氛中表達出來，並得到團隊其他成員的尊重和讚許，那麼其他與會者也會樂於參與其中，貢獻自己的智慧和創意。

幾年前，我曾應邀到某工商銀行，為他們主持一次「頭腦風暴」，目的是提升門市的客戶滿意度。會議剛開始時，大家都有點放不開，會議時間過半，也沒有幾個人發言。這時候，一位工作人員說了一句：「讓不滿意的客戶別來就行了。」

這個主意有問題嗎？表面看似乎沒有，但顯然這種做法是不合理的。這時候，行長有些坐不住了，狠狠瞪了發言者一眼。我見狀急忙打圓場說：「這也是一種辦法，我把它記下來。」

其他與會者看見這樣的主意我都沒反對，還記錄下來，便放開了許多，開始陸陸續續說出自己的想法，而我從中也的確收集了很多令人驚喜的點子。整場會議讓全體成員都獲得了很強的參與感，至於意見最後是否能被採納，已經不那麼重要了。

最終，通過這次會議，這家銀行整理歸納出很多條有實際意義的建議，經過論證，這些建議都被寫進了客戶滿意度指導書之中。

在會議中運用頭腦風暴法時，每個人都應該以一顆寬容的心容納其他人提出的一切天馬行空的想法，尊重所有成員的意見。只有釋放出這種信號，才可以激發更多的人踴躍發言，從而從中揀選出切實可行的方法和建議。

對各種觀點都不要急於否認

在一般的會議中，當有人提出一個方法後，可能立刻就有人提出反對意見：「這個方法我之前試過，不行！」、「這個你沒有考慮××原因，收效甚微。」

這種情況在很多會議中都會出現，而這也是導致會議爭論太多卻很難收穫有價值建議的重要原因。對於這種情況，我認為即使你真的嘗試過這種方法而沒成功，也不要當場否定，因為這會破壞會議的氣氛，並打擊其他人提出新觀點的積極性。

頭腦風暴法最核心的部分，就是讓與會的每個人都能從中獲得參與感，以便奉獻出更多更好的想法，任何阻礙參與感的行為都是不值得提倡的。

為了能在會上激發出更多的創意，提高會議效率，我們有必要對會議中運用頭腦風暴法的流程梳理一下。

第一，確認本次會議討論的具體問題，並且問題越具體、越詳細越好。

第二，每個人都不要急於發言，而是先針對這個具體問題認真構思一下，把自己的想法整理下來。這個記錄的過程就給了與會者獨立思考的時間，有益於形成真正獨特的思考。

第三，各自闡述，不對其他人的觀點提出意見。在別人闡述觀點時，我們也可以結合自己的想法繼續完善方案，這樣才能呈現出更多、更有效的解決方案。

這才算是一個成功的頭腦風暴過程。但需要注意的是，如果開會人數超過十五個，就不適合運用頭腦風暴法了，因為可能會出現意見太龐雜的現象，不利於最後的整理和評估。另外，最好請一個局外人參與進來，這樣通常能給團隊帶來更加新鮮的視角和方案。

六頂思考帽，讓會議流程更科學

這一節我們來詳細闡述一下德博諾教授提出的「平行思維法」的原理和應用。

什麼是平行思維法？大家應該都有這樣的感覺，那就是在一個會議上，總會有不同思維的人出現。有的人特別樂觀，聽到什麼意見都說：「好啊，這個提議特別棒！」、「非常好，很有想法！」這些人對公司的價值就是可以推動事件的前進，並會對一些新穎的想法產生興趣，願意去嘗試。還有一種人剛好相反，聽到別人的意見後，總是立刻予以反對：「不行不行，這樣做風險太大。」、「萬一搞砸了怎麼辦？還是要慎重考慮。」這些人大多很謹慎，他們對公司的一切決策都持謹慎態度。

這兩種人在職場中都很常見，但當他們出現在同一個會議上的時候，麻煩就來了。這邊提一個建議，那邊會立刻反對；那邊提一個方案，這邊又迅速否定了，結果導致會議很難正常進行，其他人無法展開有效討論，會議效率大打折扣。

怎樣解決這種問題呢？我這裡給大家推薦的就是「平行思維法」中提到的一個工具，叫作「六頂思考帽」。假設我們頭上戴著六頂帽子，分別為紅帽子、藍帽子、黑帽子、黃帽子、白帽子和綠帽子，這六種不同顏色的帽子分別代表我們身邊常見的六種思維方式。當我們把這六種思維方式篩選一遍後就會發現，我們的思維已經變得更加豐富、更加全面了。

「藍帽子」思維

「藍帽子」指代的是指揮官，擔任著會議中指揮者或主持人的角色。在大家開始展開討論時，由「藍帽子」來給大家講清楚會議的紀律和規則，比如這次會議要討論的內容是什麼、要達到什麼目的、會議的流程等等。在討論過程中，也由他來控場，以確保討論有序地進行，以此來保證與會人員不出現情緒化，討論不要跑題。在會議即將結束時，「藍帽子」還要對會議做出總結。

同時，「藍帽子」也是決定參加會議的人員該佩戴什麼顏色的帽子的人。如果他說「我們一起戴紅帽子」，那麼大家就跟他一起以「紅帽子」思維來思考問題；如果他說「我們一起戴藍帽子」，那麼大家就和他一起用「藍帽子」思維思考問題。戴不同顏色的帽子，意味著會議討論的主題或思維方向不同，這也是由「藍帽子」來安排的。

「白帽子」思維

「白帽子」代表的是理性和數據。就是說，當「藍帽子」要求大家這次會議都戴「白帽子」時，就是要求參會的每個人都只說與這件事有關的事實和資料。

比如，我們要開會討論開一家煲仔飯飯館，那麼在會上大家要討論的應該是：店要開在哪裡？需要多大面積？房租要多少錢？每天的人流有多少？客單價要做多高？翻桌率有多少？如果在比較繁華的地段開，服務人員的形象和水準都要提升，那麼服務人員的薪水定多少合適等等。

當與會者都戴上「白帽子」時，大家就需要冷靜地分析實際情況，羅列各種資料。這時候大家的關注點只有一個，就是事實和資料，因此通常不會出現誰對誰錯、誰合理誰不合理這樣的爭論。

「黃帽子」思維

黃色給大家的印象是什麼？是陽光、樂觀，所以「黃帽子」思維代表的就是樂觀的、有希望的、有建設性的觀點。

在會議上，如果「藍帽子」要求大家都戴「黃帽子」，那麼就表示會上要討論事情有優勢、有價值、有好處的一面，大家要提供一些積極、樂觀的信息，凡事都要往好處想。例如要實施某個方案，討論的重點就應該放在它會給我們帶來什麼好處、能讓企業獲得哪些提升、能讓我們獲得多少投資、能讓員工獲得哪些實際利益等方面。

另外，這時候有一件事需要注意，就是在戴「黃帽子」的過程中，一定要讓戴「黑帽子」的人發言。

「黑帽子」思維

黑色代表黑暗、困境、缺陷、風險、退縮等負面現象，所以「黑帽子」便代表著否定、懷疑以及諸多問題，也就是我們常說的批判性思維。在會議中，「黑帽子」的發言內容，通常都是做某件事的風險有多大、失敗率有多少、最壞的情況是什麼……

這些都是很有價值的信息，可以防止某些決策者一拍腦袋就做、失敗後一拍屁股就走這樣不負責任的行為。

有一家外商邀請我去給他們的員工上課。到了這家公司之後我發現，他們的員工士氣非常低下。經過瞭解我才知道，他們在中國經營多年，但沒有一年能完成公司的預定指標。為什麼呢？原因就是公司內部的各種管理就像是過去的封建體制一樣，老闆就是皇帝，說什麼是什麼，想怎麼做就怎麼做。

如果一個企業經常出現這種狀況，對企業的經營是非常危險的。這時就非常需要「黑帽子」站出來說一說這件事的風險。

可能在會議一開始時，「黑帽子」就提出了自己的反對意見：「開什麼煲仔飯啊，我不同意。」但當時他沒有機會說出自己的觀點，因為那時是「白帽子」在發言，大家都在說這件事的好處。

而在「黃帽子」發言後，接下來就要讓「黑帽子」發言了。但這裡要注意，讓「黑帽子」發言並不是完全讓他們發表否定、質疑的言論，除了要提出一些風險性問題之外，也要讓他們說說會上討論的這件事的優點。之所以這樣做，除了是讓「黑帽子」

進行換位思考外，還有就是要增強他們的參與感，讓他們把這件事的好處想像出來。如果最後這件事做成了，真在繁華地段開了一家煲仔飯飯館，他能不能接受？因為在生活中人們很容易出現視覺窄化，一旦出現視覺窄化，這個人就會覺得一切都是風險，沒有好處，而且他也不去考慮這件事的好處。但如果我們事先就讓他想像一下可能出現的好處，並讓他說一說，那麼最後當這件事真正實施時，他也更容易接受和支持。

「紅帽子」思維

「紅帽子」發言可能很容易被大家忽視，因為我們在開會時的固有思維就是就事論事，不要搞情緒化，但「紅帽子」代表的偏偏是感覺、感受、直覺、預感等。簡單來說，就是大家在討論一件事時，「紅帽子」會感覺其中的某一點重不重要；或者在討論要跟一個新的客戶合作時，「紅帽子」會懷疑這個客戶可不可靠。

在這個過程中，人的感覺和情緒就很重要，所以戴「紅帽子」就是讓大家把自己的感受和情緒都坦誠地說出來，以便後面的討論更加理性。當然，這期間仍然不做討論，大家只需把自己的感覺說出來即可。

「綠帽子」思維

綠色象徵著勃勃向上的生機和希望，也可以說是無限的創意，所以「綠帽子」思維表示可以盡情地發揮自己的想像力和創造力，提出各種創意和解決問題的方法。不論是什麼樣的方案，普通的也好，天馬行空的也好，只要有助於問題的解決，「綠帽子」都可以提出來，這就讓事情的發展更上了一層樓。

還拿前面那個在繁華地段開飯館的案例來說，大家討論後，認為在這個地段開不起來，那麼「綠帽子」馬上就會提出在另一個地方也不錯啊，你看那裡的環境如何如何、人流多少多少……這種人的思維和創意很有跳躍性，你說這個方案不行，他立刻就給你提出另一種方案來。

顯然，「綠帽子」在一個會議當中是很有價值的，但也需要「藍帽子」控制好他們，因為他們的創意太多，說著說著就可能偏題，會議進行到最後，大家都一起以「綠帽子」思維來討論了，每個人都來說這件事怎麼解決，那件事怎麼處理，爭論就會出現，這不利於會議做出正確決策。

用平行思維法減少決策風險

前面我們詳細地介紹了平行思維法的原理，在會議中運用這種方法，除了可以全方位地看待問題、增強與會者的參與感等好處外，還可以減少會議中決策的風險，提高會議的效率。

海爾就曾經使用過這種方法。我們曾為海爾做了三年的培訓，培訓結束後我們去回訪，同時也調查了一下該方法的使用效果，發現這種方法幫他們節省了三分之二的會議時間。也就是說，原本可能要三個小時才開完的會，用這種方法後一個小時就圓滿結束了。而最重要的一點，就是減少了很多錯誤決策的風險。

我在一個EMBA班上培訓課時認識了一個合夥經營高級牛肉拉麵館的項目團隊。其中，有一個人想出了一個行銷創意，想要做一場慈善活動，內容是在一個月內每天送出一百份牛肉麵給那些吃不起的人。這樣做的目的是什麼呢？就是為拉麵館增添慈善的噱頭，通過微信轉發、媒體報導等，吸引更多的顧客前來消費。其他人一聽，立刻就回應起來：「好啊，這個想法不錯！」隨後，幾個人便開會討論起這個方案來，同時還諮詢了我的意見。但讓我震驚的是，我本來是想讓他們開個頭腦風暴會議認真討論一下，結果還沒等我給出具體意見，他們團隊內部的討論會就結束了，而會議的最後決策是：大家一致通過，可以執行。

我真的非常佩服這個團隊的會議效率，於是便向他們瞭解一些具體情況。最初提出這個想法的人告訴我，他覺得這是一件好事，既能為拉麵館增加聲譽，又能幫助一些人，兩全其美，所以這次活動的所有費用都由他個人承擔。而其他成員見啟動資金已經有了著落，別的方面也沒什麼太大問題，於是就一致同意了。但經過認真分析，我在向這位願意拿錢出來做好事的兄弟深表敬意之餘，還是提醒他們，這個決策在流程上還存在一些問題。

大家看出這個決策流程有什麼問題了嗎？在很多人看來，所謂好的決策流程就是所有參會者最後都一致同意並全票通過決策，但我不這麼認為。這種流程其實是典型的「自嗨」和「自欺」行為，其中往往存在著嚴重的流程缺陷。

於是，我建議他們再用我在課上給他們講的「六頂思考帽」重新進行一次決策。

首先，我戴上「藍帽子」，來擔任這次討論會的主持人，然後讓他們依次戴上「紅帽子」和「白帽子」。「紅帽子」強調的是感覺和感受，他們覺得這是一件好事，所以全部同意；接著，「白帽子」開始提供一些客觀的信息和資料，比如成本需要多少錢，整個活動做下來需要花多少錢等等。

接著，我又讓他們戴上「黃帽子」再來分析這件事，於是「黃帽子」開始講這件事帶來的種種好處，比如增加了企業形象、強化了社會責任感、可以做出爆點等等。

到了戴「黑帽子」的環節，一開始大家都不發言，覺得這件事沒有什麼弊端，也沒什麼可批評的地方。我不同意，要求每一位與會成員至少要想出一條負面因素。想了半天，有一個人首先站出來說：「每天送一百碗的話，會對後場造成不小的壓力。如果趕上用餐高峰，可能會影響其他客人的用餐體驗。」

緊接著，第二個人也站出來了，說：「外面的人聽說我們這裡白送拉麵，會不會引來一些乞丐啊？要是店門口每天蹲著一群乞丐等著我們送麵給他們吃，那會嚴重影響店面形象的！」

很快，第三個聲音也響起了：「要是每天來等著送麵的都是之前的那一百人，那該怎麼辦？這也起不到宣傳作用了呀！」

第四個聲音也出現了：「雖然每個月一百碗麵的成本沒多少錢，但長期做也是不小的一筆錢呢！萬一哪天我們不送了，會不會引起大家的不滿，說我們是騙子？這可是很影響店鋪名譽的！」

當大家提出一個個問題之後，開始意識到這還是一件風險滿大的事，而之前提出這個建議的人也稱自己確實沒考慮過這些問題，所以想要放棄了。

最後，大家進入戴「綠帽子」思考的環節，開始考慮如何解決這些問題。

第一個人站出來說：「我們可以不在店裡宣傳，而是通過互聯網、手機微信的方式宣傳，這樣就能把信息送到有效的人那裡，而不會引來乞丐。」

第二個人說：「我們可以在上午的十點到十一點之間送，這樣就能錯開中午的就餐高峰。」

第三個人又說：「我們可以學習國外『牆上咖啡』的方法，做『牆上拉麵』。」「牆上咖啡」的流程是：一個人到咖啡館消費時可以買兩杯咖啡，一杯自己喝，另一杯掛在牆上。如果店裡進來一位想喝咖啡卻沒帶錢的客人，就可以喝牆上掛著的這杯咖啡。「牆上拉麵」也仿照這種流程：顧客可以買兩份拉麵，一份自己吃，一份掛在牆上，留給沒錢享用的人吃，以減少店鋪的經營成本。

在大家共同獻計獻策後，再回過頭看這個方案就完善多了，並且最終也拿出了決策方案：發放管道改為互聯網和微信，發放時間為上午的十點到十一點，發放方式為

「牆上拉麵」。

通過這個案例，我們就可以看出這個工具在會議中所起到的作用。在很多團隊會議中，團隊成員都是被迫接受管理者既定的思維模式，結果限制了個人的思維和團隊的整體配合度，不能有效地解決問題、做出決策。而事實上，任何科學的決策或創意都不是來自某一個天生神力的人。科學的結果，一定來自科學的流程，這才是會議的本質。

在運用平行思維法後，團隊中的各個成員就不再局限於某種單一的思維模式，並且「思考帽」代表的是角色分類，是一種思維要求，不是扮演者本人。這樣一來，我們的思維就幾乎涵蓋了集體思維的整個過程，因此也有助於團隊減少決策風險，最終做出最正確的決策。

●三步驟，組織高效演講

溝通力的最高級體現就是演講。所以，在這本書的最後，我們來說說怎樣組織一場高效的演講。良好的演講口才是職場生存和發展的一項必備技能，也是人和人之間溝通交流的重要利器。

在我們即將開始一場演講時，相信很多人都有一個同樣的感覺，那就是緊張。從生理學角度來說，這是人的一種天性。在原始社會，人類為了生存要外出狩獵，這時候如果發現自己被別人或野獸盯上了，肯定會特別緊張、害怕。久而久之，這種感覺就演變成了人類的一種特性。所以在演講時被臺下的觀眾盯著，演講者產生緊張是不可避免的。

我非常贊同一個觀點，就是把演講當成自己送給別人的一個禮物，即我要把我的觀點、我的經驗送給你。對方喜歡當然最好，如果不喜歡也沒關係，既然是送禮物，對方喜不喜歡那是他們的事，我的心意到了就好。如果每個演講者都能帶著這樣的心態組織演講，緊張感就會大大緩解。

那麼，一場演講到底該如何組織，才能真正吸引聽眾，給聽眾帶來美好的享受和有價值的收穫呢？我曾讀過很多演講方面的書，自己也做過很多場演講，我認為最有效的方法就是《高效演講》中提到的三點精華內容，分別為坡道、發現和甜點。

坡　道

什麼是坡道？在我看來，坡道其實就是演講者與聽眾之間建立的連接。很多人在演講時都會犯一個錯誤，認為只要自己一開口，臺下所有的聽眾就會立馬進入聽講狀態，其實並非如此，當然，除非你的演講開頭足夠吸引人。

坡道，就是你在開始演講時所說的那幾句話，並且這幾句話應該能馬上吸引聽眾的注意力，這樣的演講才具有足夠高的坡度。當聽眾跟著你一起「爬坡」後，你再說什麼，都能讓聽眾保持興趣。簡單來說，構建坡道就是要讓你的演講有一個能吸引聽眾的開頭。因此，最有效的開頭方式就是以與聽眾有關的內容開頭。

我在上臺開講前會先問聽眾：「你們有沒有感覺演講是一件令人恐怖的事？」這個話題與誰有關？自然是與臺下的聽眾有關，這時聽眾的注意力就會被吸引住：「是啊，演講很令人害怕！」、「啊，為什麼老師會這樣說呢？」……這些都是聽眾產生興趣的表現，接下來大家自然也會願意聽我的詳細分析。這就構建了一個成功的坡道。

相反，如果我一上臺就開始說自己一年做了多少場演講，我自己又是一個多麼善於演講的人，我的演講經驗是什麼等等，大家或許很快就會失去興趣，甚至覺得我這個人真能吹牛！

這兩種演講的開頭方式最大的不同，就是第一種開頭是以「你」、「你們」為重心來說話，而第二種是以「我」為重心來說話。所以，要成功構建坡道，就一定要以聽眾為中心，說與聽眾有關係的內容，而不是以演講者自己為中心，也就是說，要做到「多說你、你們，少說我」。

構建坡道的方法有很多，但要構建精采的坡道只需思考一個問題：聽眾為什麼要在意你的演講？這個問題的答案就是一個絕妙的坡道。所以在構建坡道時，要盡快向聽眾表明你將帶給他們的價值。一般來說，我們可以通過下面幾種技巧來構建坡道：

- 提出一個聽眾關心的問題。
- 運用「想像」這個詞，比如「你們可以想像一下這樣一種情況……」

- 講一個有趣的案例或小故事，引出話題。
- 引用一些令人意外的統計資料。

……

比如，當你向聽眾提出一個問題時，通常都能引起他們的注意力，因為人類大腦有個習慣，只要有人問問題，它就想要回答。這是個很奇怪的現象，但確實存在。

再比如，大家都喜歡聽故事，講故事的方式也可以構建坡道，只是故事別太複雜。當你講道：「我兒子今天跟我說，老師出了一個很奇怪的作業……」聽眾的注意力立刻就會被吸引過來，都想知道到底是什麼「奇怪的作業」。

還可以用數位或資料來開頭，例如：「大家知不知道，全球現在的污染面積已經達到……」

總之，坡道就是要把聽眾拉到你的演講當中來。但有一點要注意，就是坡道的時間不要太長，有研究發現，在聽眾決定是否聽你的演講之前，你只有七秒鐘的時間可用。因為人的關注力只能持續七秒左右，

如果七秒之後你還沒進入正題，或者說了半天都繞不到正題上，聽眾很可能就會感到厭煩了。

發現

在用坡道成功地捕獲了聽眾的注意力後，接下來就要進入演講的主體部分了，這部分內容就是「發現」。之所以稱主體部分為「發現」，是因為你即將說出自己的見解，應該可以引導聽眾有所發現和收穫，而不是強制性地將信息灌輸到他們的大腦之中。

在發現部分，一般要分為三個模組，或者說要歸納出三個要點，最多不要超過五個，否則聽眾記不住那麼多內容。而且這三個要點應該是有邏輯的，比如按照時間邏輯來講，就是過去怎樣、現在怎樣、未來怎樣；按照分類邏輯來講，可能是第一類、第二類、第三類。

比如，我要給大家講講如何開一個書店。怎樣才能把書店經營好，有聲譽、能賺錢？經過多年的經歷和經驗總結之後，我總結出開書店的三個最關鍵因素：第一個因素是品牌，這時就可以講品牌的重要性、如何打造品牌等等。如果要詳細講解，你會發現能講半個小時；但如果簡略地講，幾分鐘就能講完；這個可以根據自己的演講時間來設定。第二個因素就是行銷手段，你運用了哪些行銷方式、效果怎樣。第三個因素就是領導力，如果你不具備領導力，就不能管理好員工，員工的工作效率低，就會影響書店的業績。

這樣一來，整篇演講就被拆解為三個不同維度的內容，邏輯清晰、層次分明，聽眾也能從中吸取他們想要瞭解的內容。

如果「發現」具有邏輯性，那麼你在拆分這些模組時就會比較容易，因為每個模組之間不會重疊，它們之間要嘛是不斷深入的遞進關係，要嘛是分門別類的維度關係，要嘛是各種平行的並列關係，總之可以讓這部分內容聽起來更加簡潔、清晰，便於聽眾理解和接受。

我平時在跟大家分享一些好書的時候，也很重視坡道和發現。在構建完坡道，進入發現部分後，我會保留書中的一些東西，是什麼呢？如果大家聽過我講書就會發現，雖然我講的內容要比書上的實際內容少得多，但重要的部分都在。而我保留的東西，要嘛是一些有價值的觀點，要嘛是有價值的統計資料，要嘛是有科學性的實驗，或者是很有震撼性的故事。把這些東西保留下來，就能將這本書的科學性、趣味性等有價值的東西都保留來了，然後再講給聽眾聽，這個演講就會很吸引人。

甜點

甜點就是演講的結尾部分。為什麼把結尾部分叫作「甜點」呢？因為這裡要引起聽眾的情感共鳴，為聽眾創造一種感覺，比如緊迫感、誘惑感、驚喜感等。

我在跟大家分享《達文西傳》這本書的時候，在結尾部分就設置了一個「甜點」。那麼，我是怎麼講的呢？

我說：「達文西在臨死前一週的一天，在自己的筆記本上寫了一條筆記，說明天一定要搞清楚啄木鳥的舌頭是什麼形狀。那麼，你們知道啄木鳥的舌頭是什麼形狀的嗎？」

大家都回應說「不知道」，我接著說：「啄木鳥在啄樹的時候，力量很大，對吧？那麼大家可以想像一下，如果一個人用啄木鳥啄樹的力量去撞樹的話，可能一下就撞死了。但啄木鳥卻可以一直啄，牠是怎麼做到的呢？因為啄木鳥的舌頭是牠的喙的三倍長，平時不需要啄樹時，牠就把舌頭縮回來，再從下顎穿出，向後繞過後腦殼，再從腦頂前端插入右鼻孔裡固定住，留下左鼻孔用於呼吸。而當牠啄樹的時候，牠的舌頭再從下顎滑出來，這樣就起到了類似彈簧的作用，使牠啄樹時也不至於受到巨大的衝擊力。」

我講到這裡的時候，大家都覺得這是個非常有趣的現象，但這與達文西有什麼關係呢？這時我問聽眾：「當你們知道了啄木鳥的舌頭長這樣後，這與你們的生活有關嗎？」大家都搖搖頭，說：「好像沒什麼關係。」「那跟達文西的生活有關嗎？」「似乎也無關。」但達文西為什麼要理解這件事呢？這就是純粹求知的樂趣。所以我們需要知道，達文西之所以能夠成為一個偉人，是因為他擁有純粹求知的樂趣，是為了求知而求知。

當我用這個案例作為分享這本書的結尾時，大家都發出「哇——」的驚訝聲，現場氣氛一下就熱烈起來。這就是「甜點」的作用。

演講的收尾部分是非常重要的，就像飛機降落時輪子接觸地面的那一刻一樣。不論前面的內容講得多精采，如果沒做好結尾，就會給你的演講大大減分。

演講結尾的方式也有很多，比如用一句名言來結尾，我在講課時就很喜歡用這種方式結尾，可以起到昇華主題的作用。也可以用一個故事或一個典故來結尾，用來反襯前面所講的內容，起到畫龍點睛的作用。總而言之，要組織一場高效的演講，不僅要有精采的「坡道」，有「實用」滿滿的「發現」，還要有能喚醒大家感性的「甜點」。

回顧打造精采演講的這個過程你會發現，中間的「發現」部分基本上都在喚醒大家的理性，讓大家覺得你的論證有道理、有科學性；而到了後面的「甜點」部分，就一定要想辦法點燃聽眾的熱情，讓聽眾覺得：「哇——多美好！」、「哇——真精采！」，這樣就能使整場演講顯得既理性又感性，從而給聽眾帶來一種回味無窮的感受。

附錄

延伸閱讀書單

《愛因斯坦傳》，于爾根・奈佛著，中央編譯出版社，二〇一八年八月

《次第花開》，希阿榮博堪布著，橡樹林，二〇一四年九月

《達文西傳》，華特・艾薩克森著，商周出版，二〇一九年二月

《非暴力溝通：愛的語言》，馬歇爾・盧森堡著，光啟文化，二〇一九年八月

《高績效教練》，約翰・惠特默著，經濟新潮社，二〇一八年十一月

《高能量姿勢》，埃米・卡迪著，中信出版集團，二〇一九年一月

《高效演講》，彼得・邁爾斯、尚恩・尼克斯著，吉林出版集團，二〇一三年四月

《共情溝通》，南勇著，江蘇鳳凰文藝出版社，二〇一九年十一月

《關鍵對話》，凱瑞・派特森、喬瑟夫・葛瑞尼、朗恩・麥克米倫、艾爾・史威茨勒著，美商麥格羅・希爾，二〇〇二年十一月

《身體從未忘記》，巴塞爾・范德考克著，機械工業出版社，二〇一六年五月
《水平思考》，愛德華・德博諾著，化學工業出版社，二〇一七年六月
《快思慢想（新版）》，康納曼著，天下文化，二〇一八年二月
《史丹佛大學最受歡迎的創意課》，蒂娜・齊莉格著，吉林出版集團，二〇一三年一月
《我們內心的衝突》，卡倫・荷妮著，小樹文化，二〇一九年九月
《向前一步》，謝麗爾・桑德伯格著，中信出版集團，二〇一四年十月
《幸福的方法》，泰勒・本 - 沙哈爾著，中信出版集團，二〇一三年一月
《增長黑客》，肖恩・埃理斯、摩根・布朗著，中信出版集團，二〇一八年一月
《掌控談話》，克里斯・沃斯，塔爾・拉茲著，北京聯合出版公司，二〇一八年十月
《終身成長》，卡羅爾・德韋克著，江西人民出版社，二〇一七年十一月
《終身學習》，黃征宇著，中國大百科全書出版社，二〇一八年五月

國家圖書館出版品預行編目資料

這樣溝通，9 成的問題都能解決：4600 萬會員一致推崇！樊登的 10 堂表達課 / 樊登著 . -- 初版 . -- 臺北市：平安文化有限公司 , 2021.07 面；公分 . --
(平安叢書；第 686 種)(溝通句典；51)

ISBN 978-986-5596-18-7(平裝)

1. 溝通技巧 2. 說話藝術

192.32 110008258

平安叢書第 686 種

溝通句典｜51

這樣溝通，9 成的問題都能解決

4600 萬會員一致推崇！樊登的 10 堂表達課

文化部部版臺陸字第 110220 號，許可期間為 110 年 5 月 13 日至 114 年 6 月 4 日。

作　　者—樊登
發 行 人—平雲
出版發行—平安文化有限公司
台北市敦化北路 120 巷 50 號
電話◎ 02-27168888
郵撥帳號◎ 18420815 號
皇冠出版社（香港）有限公司
香港銅鑼灣道 180 號百樂商業中心
19 字樓 1903 室
電話◎ 2529-1778　傳真◎ 2527-0904
總 編 輯—許婷婷
責任編輯—黃雅群
美術設計—李偉涵
著作完成日期— 2020 年
初版一刷日期— 2021 年 07 月
初版三刷日期— 2024 年 03 月
法律顧問—王惠光律師

讀者服務傳真專線◎ 02-27150507
電腦編號◎ 342051
ISBN ◎ 978-986-5596-18-7
Printed in Taiwan
本書定價◎新台幣 380 元 / 港幣 127 元